사랑의 장면들

The Scenes of Love

오수영

고어라운드

사람들은 늘 처음처럼 사랑에 빠져든다.
과거의 기억과 학습은 모두 망각한 채로.

* 일러두기

- 작가 특유의 문체를 지키기 위한 비문이 포함되어 있습니다.
- 글이 나열된 순서는 특정한 사건과 흐름을 따르지 않습니다.

*

서문

장면들

사랑은 장면을 남긴다. 사람은 잊혀도 장면은 지워지지 않는다. 장면은 그림자처럼 늘 곁을 맴돌다 두서없이 되살아나 삶에 관여한다. 어렴풋한 기억, 잠잠해진 감정, 소멸된 관계, 하지만 언젠가 분명히 나를 포함했던 순간들, 삶의 한순간에 불현듯 찾아와 작은 목소리로 나를 불러세우는 낯익은 장면들.

장면들은 사랑의 대상을 비롯한 흘러간 모든 것을 담아냈다. 사람일 수도, 시절일 수도, 열망일 수도 있는 변해가는 그 모든 것. 시간의 흐름이 만들어낸 수많은 변화 앞에서 결코 무심해질 수 없는 마음이란, 세상을 살아가는 가장 고달픈 삶의 방식일지도 모른다. 하지만 알면서도 거역할 수 없는 숙명이라면 부질없는 원망보다는 차라리 체념하는 편을 택했다.

한때는 사랑의 장면을 거슬러 올라가려던 무모한 시절도 있었지만, 그것은 강물의 흐름을 뒤바꾸려 나 홀로 반대로 물살을 젓는 것처럼 무의미하고 부조리한 일이었다. 그 후로 결국 남겨진 장면이란 사건에 뒤따르는 잔영일 뿐 역행하려거나 외면하려 하지 않고, 오직 묵묵히 받아들여야 할 예정된 현상이라 믿으며 살았다.

하지만 때로는 단순히 남겨진 것에 그치지 않고, 끈질기게 펄떡이며 나를 일깨워주는 장면들도 있었다. 세월이 흐르는 동안에도, 사랑의 믿음과 다짐이 멀어지는 동안에도, 끝내 사라지지 않고 문신처럼 각인된 장면들. 이따금 삶은 의지보다는 그러한 장면들에 이끌리며 예정된 경로로 나아가는 듯했다. 부여잡지 않았음에도 남겨진 데에는 분명 어떤 이유라도 존재하지 않을까.

만약 내가 남겨진 사랑의 장면들로부터 무언가를 깨달을 수 있는 사람이라면, 그것을 부디 지금의 사랑을 지켜내는 일에 쓰고 싶다. 사랑이 더는 과거의 장면이 되지 않기를 바라는 마음을 담아서.

2022년 11월
오수영

1부. 사랑의 반추

서문	5	내일이 없는 오늘	45
장면들	6	크리스마스 선물	49
시간의 숲	13	사랑의 자물쇠	50
해변의 사람들	16	이방인의 사랑	53
답장을 쓰는 밤	18	무리하지 않는 선에서	55
사랑의 보호자	21	평범한 사랑	58
그 시절 소년에게	26	옛 친구에게	60
흔하지 않은 마음	30	얼룩의 형태	63
사랑의 착각	33	낡은 종이뭉치	65
마음의 할당량	37	세월의 형태	68
잘못된 블록	38	배웅	72
지독히도 간편한	41		
말의 그물	43		

2부. 사랑의 태도

안개의 거리	75	사랑의 딜레마	111
사랑의 시작	76	사랑의 저울	112
사랑의 이력	77	사랑의 불안	114
낭만적 우연	82	순종의 시간	117
당신과 나의 밤	87	비밀의 장소	120
사랑의 두려움	90	사랑한다는 말	126
긴 터널	93	맨 앞의 감정	129
겨울 그날 밤	97	사랑의 조력자	132
마음의 형태	100	소심한 메시지	135
옆모습을 바라보다	104	사용하지 않는 마음	140
당신의 우울	109		

3부. 사랑의 미래

회복기의 연인들 147

권태롭고 안정적인 150

사랑의 확장 156

반복의 힘 159

훗날 소년에게 160

처음으로 나란히 164

사랑의 황혼 167

맺음말 169

사랑의 참회 171

1부

사랑의 반추

시간의 숲

　과거는 시간의 무덤이라고 믿었다. 충실히 살아냈던 시간도, 허투루 낭비했던 시간도 결국 흘러가면 그만인 부질없는 날들이라는 허무한 시선으로. 특히나 사랑이 한순간 맹목적으로 타오르다 전소될 때마다 허무와 염세는 자신의 영역을 확장해나갔고, 모든 열망과 감정이 묻힌 무덤 또한 세월을 따라 비대해졌다. 과서를 뒤돌아보는 건 자신의 무덤을 파헤치는 것과도 같은 섬뜩한 일이었다. 구태여 시간을 돌이킬 수 없다는 무력함을 재확인하며 용서받지 못한 자괴감에 빠진 채 살아가기를 바라진 않았다.

　찬란하지 않은 시간은 없었지만 과거를 반추하는 일에는 늘 두려움이 앞섰다. 그것은 아마도 인연과 감정을 제대로 매듭짓지 못했다는 나의 죄책감 때문이 아니었을까. 설령 이별이 불가피한 일이었대도, 그래서 누구도 나를 원망하지 않았더래도, 모든 이별이 전부 내 잘못처럼 여겨졌다. 사랑을 비롯한 사람과의 모든 관계가 소원해지거나 단절될 때마다 모두 나의 결함 탓으로 자책하며 초라해 지곤 했다. 그토록 열렬했던 사랑도 과거가 되면 두려워진다니, 사랑이 끝나면 자괴감이 몰려온다니, 생각과 감정이 정상의 궤도에서 벗어난 게 아니라면 불가능한 일이었다. 이대로 사랑을 계속해도 되는 상태인지 스스로 판단할 수 없었다.

하지만 분명, 아무것도 남지 않을 리 없었다. 아무 일도 없었던 것처럼 흔적도 없이 사라지는 사랑이 있을 리 없었다. 돌이킬 마음 같은 건 없대도 다만 남겨진 장면들을 간직하고 싶었다. 찰나일지라도 내 삶에 존재했던 시간과 감정을 복기하며 흘러간 시절의 경로를 되짚어보고 싶었다. 아니, 어쩌면 이미 그것들과 함께 살아가면서도 외면하거나 부정한 채로 애먼 사랑의 생애만 탓한 게 아니었을까.

애석하게도 나는 이미 진실을 마주했는지도 모른다. 진실은, 과거의 무덤을 파헤치면 되살아나는 감정들을 감당해낼 자신이 없다는 것이다. 이미 나를 이루고 있는 모든 신경 세포에 사랑의 장면들이 깃들어 있어서 지금의 나는 온전한 나 자신이 아닌 생생하게 살아있는 과거의 모든 총합이라는 것이다. 이게 두려움 너머에 도사리고 있던 별것 아닌 진실인데, 자신을 인정하는 일이란 어째서 이토록 어려운 걸까.

과거는 시간의 무덤이 아니다. 오히려 과거는 무덤 마저 품고 시간을 무한하게 재생하는 광활한 숲이다. 그 숲에 바람이 불면 오래된 사랑의 이야기가 되살아나고, 흩어진 장면들이 연결된다. 두려움보다는 먹먹함으로, 원망보다는 아득함으로, 그 장면들이 내 삶의 일부임을 받아들여야 할 차례이다. 과거라는 시간의 숲은 언제든 사람들을 품어줄 준비가 되어있다. 다만 그곳에서 어떤 사랑의 미래를 발견하게 될지는 모두 각자의 몫이다.

해변의 사람들

사랑과 낭만이 파도처럼 밀려들어 해변의 사람들을 흠뻑 적신다. 도시에서는 쓸쓸한 고독을 피할 길이 없던 중년의 사내도 분홍빛 낙조가 드리운 해변에서는 첫사랑을 잊지 못해 마음 아파하는 비련의 주인공이 되고, 권태에 사로잡힌 오래된 연인들도 차가운 바닷물이 발목을 간지럽히면 무뎌진 감각이 일렁이며 오래전 첫 만남의 설렘을 떠올려보기도 하는 곳. 아직 사회의 비정함과 정면으로 맞닥뜨리지 못한 학생들은 때 묻지 않은 웃음을 카메라에 영원히 봉인하려는 듯 해변의 곳곳에서 서로의 모습을 담는다.

바다는 날마다 사람들을 끌어당기고, 사람들은 저마다의 사연을 짊어지고 바다로 향한다. 밀려드는 파도는 답답함에 지친 마음을 눈물처럼 말없이 감싸주고, 얽히고설킨 감정들은 불어오는 바닷바람에 휩쓸려 저 멀리 수평선까지 날아간다. 사랑하는 사람들의 발자국이 해변에 선명하게 새겨질 때, 사랑을 잃은 사람들의 발자국은 파도에 쓸려 희미하게 지워져 가고. 모든 것은 서서히 순환하며, 뒤돌아서면 지워지는 발자국처럼 순간적이다. 사랑과 삶에 대해 지금보다 더 무지했던 시절에는 단순한 자연현상에 지나지 않았던 많은 일들이, 이제는 모두 말할 수 없는 인생의 내밀한 사연처럼 느껴진다.

사람들은 각기 다른 마음의 짐을 끌어안고 바다로 모여들지만, 바다는 그들의 마음 같은 건 고려하지 않고 때가 되면 밀려들고, 또다시 때가 되면 떠나갈 뿐이다. 밀물에만 열광하고 썰물에는 좌절한다면, 삶은 그 무수한 반복의 불안과 초조에 사로잡혀 난파된 선박처럼 한 곳에 박혀 더는 나아갈 수 없다. 삶은 언제나 밀물과 썰물 사이 그 어딘가에 머물고 있으니, 사람들은 늘 밀려오듯 떠나가고, 떠나가듯 다시 밀려오는 그 모호한 경계에서 갈피를 잡지 못한 채 서성인다.

결국 해변의 우리는 파도를 타는 서퍼들처럼 위태롭게 균형을 잡고 파도의 흐름에 몸을 맡겨보는 수밖에 없다. 지나치게 자만하거나 두려워하지 않고, 계속해서 다음의 파도를 기다리며 숨을 고르는 것. 그것 또한 우리의 삶을 사랑하는 하나의 태도라는 믿음으로.

답장을 쓰는 밤

 답장을 쓰던 밤을 기억한다. 당신을 떠올리던 날들이 무색할 만큼 빈 종이 위의 낡은 연필이 갈피를 잡지 못하던 그날 밤.

 편지를 띄워 보낸 나는 머지않아 망각의 늪에 빠지겠지만, 당신은 그 편지를 못내 간직할 것을 알기에 신중한 낱말로 첫 문장을 쓴다. 허술하고 모호한 단어는 당신을 오해의 길로 유도할지도 모르니까. 오해와 이해 사이의 투명한 벽은 얼마나 쉽게 허물어지는지, 그 연약함을 알고 있다면 문장은 자꾸만 뒤로 물러나게 된다.
 물러나고 또 물러나다, 종이 끝에 내몰리게 될 때쯤 거대한 망설임이 찾아온다. 종이를 접었다 펴기를 반복하다 보면 어느새 주름이 생겨나고, 주름이 다발처럼 엮일 무렵 그제야 한 글자씩 눌러 쓰게 된다. 글자들이 한데 모여 당신에게 만들어낼 의미를 짐작해 보면서.
 당신은 문장 속에 감춰둔 나의 마음을 읽어낼 수 있을까. 행간에 숨겨진 비밀의 공간, 그 안에는 정체가 탄로 날까 몸을 감추는 속마음과, 둥글게 웅크린 용기와, 덜 다듬어진 천성이 뒤섞여있다. 연필은 끊임없이 그 주위를 맴돌며 비밀의 공간을 손질한다. 감추고 싶지만 적당히는 알아주길 바라는 애매한 마음처럼 일부러 공간에 허술한 틈을 만들어둔다.

종이가 글자로 가득 차면 이제는 매끄럽게 매만질 차례다. 목수가 갓 완성한 나무 의자를 사포로 문지르며 작업을 마무리 짓는 것처럼 당신에게 생채기 하나조차 허락하지 않는 마음으로 낱말들을 문지른다. 그러다 마침내 추신을 쓰고 점을 찍으면 편지에 마음의 일부를 떼어두고 온 것처럼 아쉬운 느낌이 든다. 하지만 지금은 때늦게 문장을 지우거나 고치기보다는, 이제 그만 연필을 내려놓아야 한다는 걸 안다.

편지가 당신의 마음을 다치게 하지 않기를, 당신의 곁에서 내내 머물러 주기를 바라면서, 그렇게 답장을 띄워 보낸다.

*

 당신은 늘 소식보다 먼저 도착하는 사람, 긴 세월 낡고 바래져도 소멸하지 않는 사람, 당신의 목소리에 창문을 열면 어느새 뒷모습뿐인 날들, 저 멀리 당신은 물결처럼 흩어지고 나는 홀로 다시 현실을 감각한다. 찰나가 아닌 시간은 없다지만, 결코 멀어지지 않는 순간도 있다.

사랑의 보호자

　사랑은 살아있는 유기체이다. 언젠가 사랑은 한번 태어나면 앞을 향해서만 유유히 걷게 될 것이라 믿었던 시절이 있었다. 하지만 사랑은 단지 태어나기만 했을 뿐 걸음마조차 실패하기도 했고, 비로소 걷기 시작했지만 정확하게 반대로만 걷기도 했으며, 이제는 스스로 온전하게 걸어갈 것이라는 예상과는 달리 절름발이가 되기도 했고, 심지어는 아무 곳에서나 발작을 일으키며 죽어버리기도 했다.

　시작이 반이라는 말은 사랑하는 관계를 포함하진 않는다. 관계의 시작은 말 그대로 걸음마의 시작일 뿐이며, 관계가 앞으로 어떤 방향과 걸음걸이와 보폭을 갖게 될지, 그래서 어떠한 생김새로 성장하게 될지는 누구도 예측할 수 없다. 시작은 관계의 형성을 의미하지만 그 이후에 발생하게 될 모든 사랑의 사건들에 선뜻 관여하거나 이끌어주진 않는다. 운명처럼 시작된 만남이 사랑하는 연인들에게 환상을 심어줄 수는 있어도, 사랑의 방향과 깊이까지 책임지고 이끌어주지는 못하는 것처럼.

사랑은 컨베이어 벨트처럼 시작 버튼을 누른다 해서 모든 상황이 끝날 때까지 저절로 작동해 감정과 마음을 운반해주진 않는다. 한번 맺은 관계라는 이유로 날마다 특정한 시기의 감정과 생각만을 유지하며 흘러가지도 않는다. 오히려 사랑은 시작과 동시에 바닥에 떨어진 물고기처럼 이리저리 펄떡거리며 몸부림친다. 언제든 어디로 튀어갈지 모르는 그 물고기를 잡아 우리가 품을 수 있는 크기의 어항에서 함께 보살피는 것에서부터 관계는 제대로 시작된다.

너무 비좁은 어항에서 사랑을 기른다거나, 제때 물을 갈아주지 않는다거나, 사료를 제공하지 않는다거나, 어항의 청소를 제대도 해주지 않으면, 사랑은 힘없이 아가미만 뻐금거리다 배를 뒤집고 물 위로 떠오른다. 이따금 미리 어항의 문제점이나 관리의 소홀함을 발견해 조치를 취하거나, 그래도 가망이 없을 때는 늦기 전에 개울에 풀어줄 수도 있겠지만, 대개는 무심하게 방치하여 사랑의 복부가 부패된 모습을 목격하고 그제야 사랑의 죽음을 알아챈다. 어항에서 살아가는 물고기에게는 어항이 세상의 크기인 것처럼, 정해진 마음의 크기 속에서 살아가는 사랑에게도 마음은 온 세상의 전부이다. 그리고 그 세상의 넓이와 깊이에 관여할 수 있는 것은 오직 사랑의 당사자인 우리들 뿐이다. 이 세상에서 우리의 사랑은 유일하며, 그런 의미에서 우리는 모두 사랑의 절대적인 보호자가 된다.

하지만 사랑의 보호자는 여간 고달픈 일이 아니다. 사랑은 끝없이 꿈틀거리며 성장과 퇴화를 반복한다. 만남을 시작하던 순간의 사랑이 오늘의 사랑과는 동일하지만 조금은 다른 것처럼, 오늘의 우리도 그때의 우리와는 조금씩 다르다. 어제까지의 우리는 서로에게 사랑을 고백했지만 오늘의 우리가, 그리고 오늘부터의 우리가 또다시 사랑을 고백하게 될지는 아무도 모른다. 매일 다른 하루처럼, 우리가 보살피는 사랑도 단 하루도 똑같은 날은 없다. 시작과 함께 걸음마를 떼었다고 해도 내일 당장 고꾸라질 수도 있다. 그래서 사랑은 생애 동안 늘 보호자가 필요하다.

그렇다면 사랑하는 사람들은 언제까지 사랑을 보호해야 하는 것일까. 만약 우리가 사랑을 한다면, 사랑을 처음 하는 사람처럼 사랑을 조심스레 대한다면, 그리하여 사랑이 우리의 두 손을 잡고 적당한 걸음걸이를 익힐 수 있게 된다면, 그 이후의 우리는 다만 안심하면 되는 것일까. 유감스럽게도 그렇지 않다. 사랑은 처음부터 끝까지 손이 가지 않는 곳이 하나도 없는 양육과도 같다. 이제 우리는 다음 단계의 보호에 들어서는 것이지 사랑을 방치해도 된다는 의미가 아니다. 사랑이 성장하는 동안 결핍이나 과잉보호를 겪지 않도록 우리는 시기마다 다른 방식으로 우리의 사랑을 보호하는 역할을 해야 한다.

결국 사랑의 보호자에게 가장 편안한 태도는 체념이다. 사랑에 대한 체념이 아니라 언젠가 보호가 끝날 것이라는 희망에 대한 체념이다. 우리는 이미 알고 있다. 우리가 아무리 모든 매력을 갖춘 보호자의 역할을 충실히 수행한다 할지라도 언젠가는 우리가 사랑 안에서 서로에게 익숙해지는 것처럼, 사랑도 우리에게 익숙해지는 순간이 찾아온다는 것을. 그럼에도 사랑에 대한 보호를 포기해서는 안 된다는 것을. 그럴 때마다 사랑은 돌봄이자 양육이라는 생각에 기대어보면 조금은 고개가 끄덕여진다. 우리가 중년이 되어도 부모는 여전히 우리를 돌봄이 필요한 유년기 자녀로 바라보는 것처럼, 사랑 또한 이제 어엿하게 성장했을지라도 여전히 돌봄이 필요한 어린아이와 다르지 않다.

우리가 사랑에 자발적으로 뛰어든 것처럼 보호도 자발적으로 이뤄져야만 그것이 노동과 강요가 아닌 순전한 의미의 사랑에 가까워질 수 있다고 믿는다. 우리가 사랑의 성장과 방황을 외면하지 않는다면, 사랑의 환상과는 상관없이 사랑의 변화를 있는 그대로 바라봐준다면, 사랑이라는 유기체도 우리의 품에 익숙해지지 않고 날마다 조금씩 다른 모습으로 깨어난다는 상상을 해본다. 사랑이 날마다 다시 깨어난다는 것은 우리의 관계 또한 매일 무한한 가능성을 품고 새롭게 시작될 수 있다는 의미가 아닐까.

그 시절 소년에게

　오랜만에 너에게 편지를 쓴다. 그동안 안부를 묻지 못해 미안하다는 말로 시작해야 할까. 삶이라는 거대한 파도에 휩쓸리면서부터는 좀처럼 너를 떠올릴 여유가 없었던 것 같다. 그 안에서 아무리 헤엄을 쳐봐도 표면 위로 떠오르기는커녕 점점 깊은 바다의 벼랑 속으로 빨려 들어가기만 했지. 살아남는 것을 목표로 삼은 후로 나는 반복적으로 헤엄만 치는 나의 두 팔 이외에는 아무것도 볼 수 없었어. 얼마나 더 헤엄을 쳐야 안전한 곳에 도달할 수 있는지, 어느 지점에서 잠시 쉬어가야 하는지, 어떤 방식으로 팔을 내저어야 체력을 아낄 수 있는지, 누구도 알려준 적 없으니 내 방식이 정확한지 확인할 방법이 없더라.

　그럼에도 다른 사람에게 뒤처지긴 싫다는 이유로 무작정 내 감각에만 의지한 채 목적도 의미도 없이 헤엄만 쳤지. 햇살이 수면을 뚫고 내리쬐는 낮에도, 보이는 건 암흑뿐인 차가운 밤에도 나는 최소한의 호흡만 유지한 채 습관처럼 앞으로만 나아갔어.

언젠가 문득 네가 보이지 않는다는 걸 깨닫고 멈춰선 날이었지. 이미 오랜 시간이 흐른 뒤였어. 늘 곁에 있던 너를 잃어버린 줄도 모르고 나는 줄곧 헤엄만 쳤던 거야. 이따금 뒤돌아봤다고 생각했는데 그건 너의 행방에 관한 궁금증보다는 다른 사람의 추격을 살펴보려던 나의 불안이었을까. 너는 내게 현실과 이상 사이의 균형과도 같은 존재였다는 걸 뒤늦게 깨달았지. 이상만 추구하려는 이기심과, 현실에만 전념하려는 체념 사이에서 극단으로 치우치지 않았던 건 어쩌면 너와 함께 하고 싶었던 미래의 시간들 때문이었어. 그 시간에 대한 희망이 나의 강박적인 성실함의 원동력이 되어줬던 거야.

그런데 희망이 집착이 될수록 행복을 꿈꿨던 내 삶은 점점 더 사막처럼 메말라갔어. 여유를 모르는 마음에 피어날 수 있는 꽃 같은 건 없잖아. 너를 잃지 않을 것이라 믿었는데, 결국 나도 내가 그토록 환멸했던 부류의 사람이 되어버린 걸까. 내 곁에는 지금 아무도 남아있지 않고, 나는 그저 각자의 의미를 찾아 떠난 사람들의 발자국만 바라보며 내게 유일한 의미였던 너를 떠올리고 있어.

돌이켜보면 시절마다 네가 있었지. 나는 네가 늘 다

른 모습으로 나를 찾아온다고 믿었었는데, 때마다 달라진 건 나의 생각과 마음이었을 뿐 너는 늘 변함없는 모습으로 내게 인사를 건네곤 했잖아. 내가 네 안에서 정답을 찾으려고 할 때마다, 어설픈 말로 너를 정의하려 할 때마다 너는 아무런 말도 없이 미소만 짓곤 했어.

그 시절의 너는 이미 정답을 알고 있었던 걸까, 아니면 정답 같은 건 애초부터 없다는 걸 누구보다 서둘러 깨달았던 걸까. 길을 잃고 긴 시간 방황하던 내게 절실했던 건 어떤 한마디의 말이었는지도 몰라. 정답보다는 질문 속에서 끊임없이 살아가자는 말. 그때의 나는 그 말이 간절했던 것 같아. 하지만 나는 여전히 삶에 대해, 그리고 너에 대해 아무것도 모른 채 부질없는 후회와 망상만 가득 품고 살아가지. 인생은 미래를 향해야 하는데 어째서 자꾸만 과거를 떠오르게 하는 걸까. 나는 네가 과거 속에 영원히 살아있는 것처럼 느껴진다. 다시는 가닿을 수 없는, 그래서 더 특별하고 유일한 그 세상에.

나는 오늘도 여전히 알 수 없는 곳을 향해 헤엄쳐 가고 있어. 습관이 되면 시작과 끝에도, 그리고 멈춤에도 행동의 당위가 사라지는 것 같아. 살아온 대로 살아갈 뿐 방향을 다시 설정할 엄두가 나질 않지. 그런데 가끔은 익숙한 습관에 의문을 품게 되는 날이 있잖아. 일상의 답답함에 질식할 것 같고, 삶의 의미 같은 걸 묻게 되고, 잃어버린 것에 대해 생각하게 되는 그런 날 말이야. 그래서 네가 떠올랐고, 네 생각에 잠기다 보니, 부칠 수도 없는 이런 편지를 쓰게 됐네. 지금의 너는 어디에서 무얼 하며 살아가고 있을까. 나와는 달리 나름의 의미를 찾아 원하는 곳으로 헤엄쳐가고 있을 것 같은데. 언젠가 너를 다시 만나게 될 순간을 꿈꾸던 날들도 있었지만, 이제는 너를 떠올리면 편안한 미소만 짓게 된다.

너무 늦었지만 오만했던 나를, 혼자 정답이 필요했던 나의 어리석음을 용서해 줄 수 있겠니? 오늘의 그리움도 내일이 되면 파도에 쓸려 흔적도 없이 사라지게 될 거야.

흔하지 않은 마음

오랜만의 북페어 소식에 많은 인파가 몰렸다. 갑작스레 찾아온 봄날의 기운 탓인지 마스크 너머로 사람들의 선선한 미소가 아른거리는 듯했다. 나는 담당 부스에 책을 진열해두고 앉아 사람들을 구경하고 있었다.

그녀가 시야에 들어온 건 그때쯤이었다. 좁은 통로를 가득 채운 사람들 사이를 비집고 그녀는 내 부스를 향해 곧장 걸어오고 있었다. 내 책을 읽어주신 독자분인가 싶어 일어나 인사를 건넸지만 겸연쩍게도 인사는 되돌아오지 않았다. 책들을 살펴보는 그녀의 표정이 사뭇 심각해 보였다. 내용을 읽는다기보다는 본문의 오탈자를 찾아내려는 사람처럼 샅샅이 훑어보는 듯한 느낌을 받았다. 그녀 앞에 가만히 서 있기도 무안하여 책에 대한 설명도 해봤지만 역시나 혼자만의 독백이 되었다.

그러다 문득 그녀가 나를 바라봤을 때 뭔가 심상치 않은 일이 벌어지고 있다는 걸 직감할 수 있었다. 갑자기 슬픈 표정이 된 그녀는 무언가를 망설이고 있었다.

갑작스레 눈물을 흘린대도 전혀 놀랍지 않을 분위기가 흘렀다. 내 책이 밝진 않지만 그렇다고 이 정도로 슬픔에 잠긴 책도 아닌데. 이윽고 그녀가 말을 꺼냈다.

"만나는 사람이 요즘 우울증을 앓아요. 그 사람에게 어떤 책을 선물하는 게 좋을까요."

그 말이 끝나는 동시에 나의 표정도 그녀와 별반 다르지 않게 되었다. 한참을 고민한 끝에 무슨 말이라도 해야 했지만 좀처럼 입이 떨어지질 않았다. 그녀는 잘못 찾아온 게 분명했다. 내 책은 감히 우울증을 앓는 사람에게 도움이 될 만한 책이 아니라는 걸 나 자신도 잘 알고 있었다.
하지만 내 주변에는 우울증을 앓는 사람들이 적지 않았다. 이미 세상을 떠난 이도 있었고, 늘 위태로운 사람도 있었다. 그들의 마음을 이해해보기 위해 관련 서적을 닥치는 대로 읽었던 시절이 있었다. 물론 내 마음 편하기 위한 얕은 시도였을 뿐일지도 모르지만, 덕분에 머릿속에 떠오르는 책이 몇 권 있었다.

"제 책은 전혀 도움이 되지 않을 거예요. 대신 이런 책들을 추천해 드리고 싶습니다."

그녀에게 우울증과 관련된 유명한 책들을 추천했다. 실질적으로 그 사람의 마음을 조금이나마 들여다볼 수 있고, 가장 필요한 게 무엇인지 알려줄 수 있는 책들을. 그녀는 한 글자도 놓치지 않고 책 제목들을 메모지에 옮겨 적고는 내게 보여줬다. 마지막으로 한 번만 더 제목이 맞는지 확인해 달라는 부탁과 함께.

그건 흔하지 않은 마음이었다. 온통 한 사람으로 가득한 마음이었다. 그래서 그 사람과 관련이 없는 세상의 말들은 그저 그녀 곁을 스쳐 지나갈 뿐이었다. 그녀는 메모지를 반듯이 접어 지갑에 보관하더니 그제야 다시 현실로 돌아온 것처럼 고맙다는 말을 전했다. 그러더니 분명한 목적지가 생겼는지 다시 사람들 틈 속으로 빠르게 사라졌다.

멀어지는 그녀를 바라보며 그 사람에 대해 생각했다. 그녀의 발길이 닿는 어느 곳이든 전부 그 사람에게로 향해 있다는 것을 짐작할 수 있었다. 그 사람은 알고 있을까. 우울도 잠재울 귀한 마음이 이 순간에도 당신 곁에 있다는 것을. 그런 마음이라면 책 같은 건 단지 수단에 불과할지도 모르겠다.

사랑의 착각

　　사랑을 몰랐던 시절의 나는 늘 다른 이들의 사랑을 엿보며 사랑의 정체에 관해 궁금증을 쌓아갔다. 사랑을 시작한 이들의 일상이 이전과는 전혀 다르게 변해가는 모습을 바라보며 언젠가 내게도 사랑이 찾아올 날을 기다렸다. 그날이 온다면 나의 일상에도 그들처럼 무한한 열정과 생기가 깃들지 않을까 하면서. 서로에게 유일한 존재가 된다는 느낌과 의미를 나 스스로 체험해보고 싶은 마음을 간신히 참아내면서. 그렇게 사랑에 관한 허무맹랑한 믿음과 교만한 자신감을 키워갔다. 무경험에서 비롯된 무지와 용기로 내 마음이 터지기 직전까지 부풀어 오른 것뿐임을 모르는 채로.

　　그런데 사랑은 어느 날 불현듯 찾아왔다. 사랑이 찾아오는 모습을 관찰할 수 있을 것이라 믿었었는데, 사랑은 먼 곳에서부터 나를 향해 서서히 다가오는 친절한 감정이 아니었다. 사랑은 상황과 시기를 배려하지 않는 불청객처럼 예고도 없이 뒤에서 찾아와 한순간에 나의 일상을 앗아가 버렸다. 무엇보다 나를 지배하기 시작한 감정의 정체가 사랑인지 확신할 수 없었다. 감정선에 명확한 경계가 그어져 있어서 이 선을 넘으면 사랑이고, 아니면 사랑과 유사한 감정일 뿐이라는 분명한 기준이 있는 것도 아니었다. 황홀함보다는 신기함으로, 편안함보다는 불편함으로, 처음으로 나는 사랑의 세계에 발을 내디뎠다.

사랑으로 짐작되는 낯선 감정과 태도가 내가 전부였던 세상의 곳곳에 스며들었다. '나'를 말하는 시간보다 '우리'를 말하는 시간이 많아졌고, '나'의 생각과 결정으로 흘러가던 일상이 '우리'의 생각과 결정으로 흘러가기 시작했다. 혼자에서 둘이 되는 과정에서 마찰이 발생하는 건 불가피한 일이었지만, 우리는 마찰 따위에는 아랑곳하지 않고 뭔가에 홀린 사람들처럼 우리의 은밀하고 깊숙한 삶의 부분들을 아무런 거리낌 없이 꺼내놓았다. 물론 서로에게 그럴듯한 모습이 되고자 '진실'보다는 적당한 각색, 편집, 포장을 거친 '각자의 진실'을 자랑스레 건네기도 하면서. 그렇게 우리가 서로의 세상에 차곡차곡 흔적을 쌓아가는 경험은 이전의 그 어떤 특별한 경험보다도 짜릿하고 충만한 자극이었다. 사랑으로 인해 우리의 관계가 완전에 가까워질 수 있다고 믿을 정도로.

수많은 이별의 목격도 우리에게는 다만 찰나의 구경 거리에 불과했다. 우리가 일궈놓은 사랑은 그들의 실패한 사랑과는 형태와 속성 자체가 다른 고귀한 감정이라고 자부하며 더욱 깊어질 뿐이었다. 사랑의 세계에 뒤늦게 입국한 나 자신에 대한 후회와, 그 세계의 무수한 사람 중 우리가 서로를 발견한 뒤 사랑하고 있다는 감각과, 모두가 실패해도 우리의 사랑만은 끝 모르게 타오르고 있다는 안도가 나를 정서적인 극한의 고양 상태로 이끌었다. 영원히 사라지지 않을 무한한 자원을 발견했다는 환희에 도취한 나는 무모하게 사랑을 탐닉하기 시작했다. 처음의 사랑이 성공할 확률의 희박함마저도 넘어섰다는 섣부른 판단으로.

사랑은 늘 우리가 원하는 곳에 있었고, 우리도 그곳에 함께 머물렀다. 사랑의 풍경을 바라보다 나는 문득 사랑 너머의 세상이 궁금해졌다. 사랑을 몰랐던 내가 어렵지 않게 도달한 풍경도 이토록 아름답다면, 만약 저 너머의 세상의 풍경이란 얼마나 더 찬란할 것인가. 조금만 더 사랑에 욕심을 내본다면 지금과는 또 다른 세상이 도래할 것이라는 생각이 들었다. 그때도 지금처럼 우리가 사랑의 품 안에 있을 것이고, 우리를 갈라놓을 수 있는 건 세상의 종말뿐이라고 믿었다. 비록 허황된 탐욕일지라도 나는 사랑 너머의 세상에 닿고 싶었다.

*

　사랑에 상처받지 않기 위해 사랑을 분석하고 싶지는 않다. 멀리 떨어진 곳에서 팔짱을 낀 채 사랑의 거대한 폭풍을 관조하고 싶지는 않다. 나는 차라리, 사랑에 휩쓸리고 싶다. 눈을 감고 휘몰아치는 폭풍에 몸을 맡긴 채 자유롭게 흩날리고 싶다. 설령 사랑이 지나간 자리에 결코 회복될 수 없는 폐허만 남겨질지라도 나는. 사랑의 속도와 방향조차 볼 수 없는 폭풍의 중심에서, 위태롭게 흔들리며 소진되고 싶다.

마음의 할당량

 마음을 적당히만 쓰는 법을 모르는 나는 문이 열릴 때마다 무작정 마음을 방류했다. 마음에도 할당량이 있을 텐데 평생에 걸쳐 조금씩 흘려보내야 할 마음을 대책도 없이 단 며칠 만에 쏟아낸 셈이니 이제 더는 남아있는 마음이 없다.

 서둘러 마음을 잔뜩 조여뒀지만 홍수처럼 터져 나오는 마음 앞에서는 속수무책이었다. 폭우로 불어난 강물을 어쩌지 못해 결국 무너져 내리는 댐의 심정을 누가 알아줄까. 모든 걸 남김없이 흘려보낸 날에는 마음의 바닥을 볼 수 있다. 바닥을 목격한 사람은 한동안 소진된 시간을 살아간다.

 마음이 흘러가던 길이 가뭄처럼 갈라져 목이 탄다. 흘려보내야 할 것 같은데 흘려보낼 게 남아있지 않아서 마른 침만 삼킨다. 이럴 때는 기다려보는 수밖에 없다. 예고도 없이 폭우가 쏟아져 텅 빈 강이 다시 차오르는 날을, 한 번 더 흘려보낼 수 있도록 바닥난 마음이 부풀어 오르는 날을, 무턱대고 기다려보는 수밖에 없다.

잘못된 블록

사랑을 갈구하던 순간이 있었고, 사랑을 환멸하던 순간도 있었다. 그곳에 사랑이라 믿었던 태도는 있었지만, 그 어디에도 나는 없었다.

사랑의 감정들이 뒤엉키는 동안 나는 이미 일상의 평온함을 빼앗긴 채 전혀 다른 사람이 되어 있었다. 내가 알던 나는 온데간데없고, 누군가 정해준 사랑의 형태에 억지로 나를 끼워 맞춘 어설픈 모습과, 수많은 감정들 사이에서 중심을 잃은 모습으로. 나를 잃은 사랑은 잘못된 블록을 틈에 맞추려다 게임이 끝나버린 테트리스처럼 곳곳이 어긋나 있었다.

그렇게 사랑은 허무하게 무너져 내렸지만, 나는 사랑과 관계의 회의주의에 깊게 잠겼을 뿐 좀처럼 깊은 상처를 받지는 않았다. 연극이 끝난 후 배우가 할 일은 자신의 본모습으로 돌아와 짐을 꾸려 무대를 떠나는 것이지 연극 속 비극에 고통을 받는 일은 아니기 때문이었을까. 이별 후 상처를 받는 일이 명백한 사랑의 증거가 될 수는 없겠지만, 상처에도 최소한의 자격이 필요하다는 건 분명해 보인다. 아픔도 진심으로 마음을 나눴던 사람들만이 체감할 수 있는 귀한 감정일 테니까. 언젠가 내게도 무대 위 연극이 아닌 현실 속 실제의 사랑으로부터 처참하게 상처받고 각성하는 날이 찾아올까.

지금의 나는 이기적이고 맹목적인 사랑의 수련생에 불과하다. 끊임없이 사랑을 갈구하고, 실패하고, 후회하지만, 결국 내 입장에 불과한 반쪽 짜리 탐구만을 일삼는 풋내기 수련생. 나를 꾸며내지 않고도 누군가를 사랑하기 위해서는 솔직하지 못한 나를 비워내는 연습이야말로 당면의 과제일 것이다. 그럴 수 있다면 사랑의 모든 순간에 나 또한 투명하게 존재할 수 있을까.

*

　사랑의 가장 위험한 경쟁 상대는 다른 어떤 사람이 아닌 우리의 생각과 마음의 여유를 앗아가는 현실의 침입이다. 현실 인식은 영화가 한창 상영 중인 캄캄한 극장의 조명들이 한순간 동시에 켜지는 것과도 같다. 영화에 심취해 있던 관객들은 불현듯 현실 세계로 끌려나온 채 서서히 깨닫게 된다. 그들은 영화 속 주인공이 아닌 단지 영화관에 앉아있던 관객일 뿐이라는 사실을. 그것과도 같이 현실 인식은 섬광처럼 강렬하게 번쩍이며 사랑의 빈틈을 파고든다.

지독히도 간편한

　우리의 사랑이 한마디 말로 시작됐던 것처럼, 끝날 때도 한마디 말이면 충분했다. 사랑하는 동안 나눴던 무수한 말들이 무색해질 만큼 지나치게 짤막한 한마디로, 우리의 시간은 태어난 적 없었던 것처럼 세상에서 말끔하게 지워질 것이다. 우리는 그동안 서로를 위해 조금은 다른 삶을 살았다. 타고난 기실과 자라난 환경이 달랐지만 서로 이해하기 위해, 서로 부딪히지 않기 위해, 서로 상처받지 않기 위해 모든 것을 드러낸 '완전한 자신'이 아닌 '적당한 자신'이 되어 사랑의 거센 풍랑으로 몸을 던졌다.

　우리의 사랑은 뿌리가 한데 엉켜 자란 나무처럼 모든 시간과 경험을 공유하며 깊어졌다. 사랑일 때 모든 것을 함께 나눌 수 있다는 환희가, 이별일 때 모든 것을 다시 끊어내야 한다는 절망이 될 수도 있다는 걸 알았지만, 우리는 과거의 기억과 학습을 망각한 채 서로에게 빠져들었다. 하지만 우리의 열정적인 사랑과는 상관없이 이별은 늘 냉정한 얼굴로 주위를 맴돌고 있었다. 틈만 보이면 끼어들 준비를 하는 이별 앞에서 우리는 다만 무력할 뿐이었다. 이별을 대비한 적 없었던 우리는 이별에게 허술한 먹잇감과도 같았다.

한마디 말을 뒤로한 채 사랑은 끝났고, 이제는 우리가 저마다의 작별을 시작할 차례였다. 오래된 기억을 더듬어 사랑 이전의 우리로 돌아갈 시간이었다. 긴 시간 한데 엉킨 것들을, 그보다 더 긴 시간 동안 안간힘으로 떼어내거나 잘라내면서. 그렇게 각자의 고독한 작별을 감당할 시간이었다.

*

　여기까지가 끝이라는 게 너무 허망해. 끝을 향해 달려온 우리의 날들이 미치도록 안쓰러워. 만약 끝을 알았더라면 어땠을까. 그랬더라면 우리는 그때 그만둘 수 있었을까. 신호를 무시한 채 질주하는 오토바이처럼 우리의 사랑도 도처에 널린 위험을 간과한 채 속도를 만끽하기만 했던 걸까. 사랑은 찢길 듯한 굉음을 내며 사라졌고, 우리의 날들엔 사랑에 그을린 검은 흔적만이 남았다. 사랑이 완진히 모습을 감춘 서 먼 곳의 지평선을 바라본다. 사랑이라 불렸던 시간들은 이제 그 너머의 세상에서 어떤 모습으로 기억될까.

말의 그물

너무 많은 말을 풀어낸 하루의 끝은 언제나 후회로 잠들지 못한다. 베개에 얼굴을 묻으면 하루 동안 내 몸을 빠져나간 말들이 하나둘 되살아나 머릿속을 파고든다. 꺼내지 말아야 했던 말, 보태야만 했던 말, 삼켜냈던 말, 우회해야 했던 말, 그리고 이 모든 말들을 끌어안던 상대방의 표정과 마음이, 순서도 없이 뒤엉켜 나를 불면의 새벽으로 이끈다. 말하지 못했던 후회는 다음을 기약하며 먼저 물러서지만, 삼켜내지 못했던 후회는 그물이 되어 나를 가둔 채 놓아주지 않는다. 침묵보다 신중하고 무거운 말이 또 있을까. 말은 할수록 손해일 뿐이라는 극단의 믿음에 다시 한번 고개를 끄덕이는 밤이다. 내일이 영원처럼 아득하다.

내일이 없는 오늘

적막한 주말의 오후. 나는 여전히 침대에 말라붙어 있다. 반쯤 열린 커튼 사이로 들어온 햇살이 침대에 얼룩처럼 떨어져 있고, 어젯밤 아무렇게나 벗어 던진 옷가지가 방안에 널브러져 있다. 오랫동안 정리하지 않은 방의 모습이 마치 주인이 버리고 떠난 집처럼 보인다. 매번 정리를 다짐해도 옷가시를 옆으로 치워두기만 할 뿐 본격적인 청소는 버겁게 느껴지고, 나답지 않다는 생각을 하면서도 몸은 침대를 벗어나지 못한다. 무기력증에 걸리기라도 했단 말인가.

침대 옆 협탁에는 휴대전화가 긴 잠에 빠져있다. 아무런 알림도 없이 뒤집어진 채로. 간신히 손을 뻗어 휴대전화를 깨운다. 쓸데없는 광고 메시지가 검은 화면을 가득 채우고 있고, 대화창에는 며칠째 읽지 않은 가벼운 이야기들이 쌓여 있다. 읽고 답장을 보내야만 하는 대화 몇 개가 눈에 띄지만 어쩐지 지금의 마음은 물 한 방울도 남지 않고 말라버린 우물과도 같아서 그럴 만한 여력이 없다. 아침이면 가장 먼저 그녀에게 인사를 건네던 오랜 습관이 갈 곳을 잃고 배회하다 결국 나와 함께 다시 침대에 몸을 누인다.

지금의 나는 너무 건조하다. 냉장고를 열고 아무리 많은 물을 마셔봐도 결코 해갈되지 않는 메마름의 상태. 사랑으로 인해 다채로웠던 일상이 얼마 전 이별을 겪은 뒤 모든 색을 잃고 잿빛으로 변했다. 잿빛의 문, 잿빛의 침대, 잿빛의 탁자, 잿빛의 물, 잿빛의 공기. 나를 둘러싼 일상의 사물들이 잿빛으로 보이는 까닭은 사랑이 덩어리째 떨어져 나간 텅 빈 마음이 재가 되었기 때문이겠지. 마음이 슬픔과 절망으로 가득할 때면 세상은 온통 색을 잃은 회색 도시로 변하곤 했으니까.

무력한 마음과 너저분한 집. 나의 일상이 하루하루 죽어가는 느낌. 더는 이 상태로 내일을 맞이하면 안 될 것 같다. 사랑은 끝났지만 일상은 끊임없이 이어질 테니까. 어떻게든 몸을 움직여야 예전의 나로 재빨리 돌아올 수 있을 것이다. 가까스로 침대에서 몸을 일으켜 밀린 빨래를 세탁기에 구겨 넣고, 오랜만에 창문을 활짝 열어 환기를 시킨다. 암막 커튼으로 어둠이었던 집안과는 달리 바깥은 화창한 봄이었다. 봄날의 시원한 바람이 불어와 집안의 쾨쾨한 공기와 뒤섞인다.

청소기로 집 안 구석구석을 훑는다. 욕실에서 들려

오는 둔탁한 세탁기 소리도, 오래된 청소기의 요란한 모터 소리도 어쩐지 슬픔의 침묵을 비집고 들어오는 일상의 경쾌한 소리처럼 들린다. 문득 테이블에 전시된 한때 그녀와 우리였던 시절의 사진들과 소품들이 눈에 띈다. 나는 계속해서 청소기를 돌리면서도 테이블에서 눈을 떼지 못한다. 이제 그 물품들을 정리해야 할까 싶다가도 당분간은 그대로 두기로 한다. 특별한 이유라기보다는 그건 속도가 너무 빠르다는 생각으로. 자꾸만 청소기에서 이상한 파열음이 들리는 듯하다.

사실 그녀와 언제 이별을 했는지 정확하게 기억나진 않는다. 그 이후로 날짜와 요일을 확인하는 일을 의도적으로 피해오기도 했고, 무엇보다 달력의 숫자가 무의미하게 여겨졌기 때문이다. 그날 이후 날마다 내일이 정기배송처럼 현관에 도착했지만, 어쩐지 나는 문을 열지 못한 채 끝없는 오늘을 보낸다. 잠들지 않고 무한히 확장되는 그날의 오늘과, 내일이 없는 오늘.

사랑이 끝난 게 이토록 대수로울 일이었던가.
아무렇지 않다. 나는 아무렇지도 않을 것이다.

*

　나의 그리움은 서툴렀고, 당신의 망각은 완벽했다. 나의 서툰 그리움은 당신의 완벽한 망각의 속도를 따라잡지 못했다.

크리스마스 선물

오래전 크리스마스. 핀란드 산타 마을에서 엽서 한 장이 날아왔다. 찍힌 소인을 보니 지난해 크리스마스였다.

엽서는 손글씨로 비좁았고 물기를 머금은 흔적이 보였다. 지금 산타 마을에 도착해 이곳의 분위기를 나에게 보낸다며 일 년 뒤에 받아볼 것이라 적혀있었다.

그녀였다. 녹지 않던 눈이 차갑게 얼굴을 휘감았다.

그녀로부터 나에게로, 발신자와 수신자는 정확했지만 어느 곳에도 남아있지 않은 사람들. 편지가 봉인되어 있던 시간은 망각하려는 힘을 견뎌내지 못했다.

지붕 위 산타클로스의 발소리처럼 엽서는 기습적이었다. 무방비 상태로 받아든 엽서 한 장에 뒤늦은 시절이 눈처럼 녹아내렸다.

사랑의 자물쇠

　수년 전 파리의 퐁데자르 다리의 사랑의 자물쇠를 철거한다는 소식을 들었다. 수많은 자물쇠의 하중을 견디지 못하고 난간이 기울어진 모습은 사진만으로도 애처로워 보였다. 오래된 사랑의 약속들이 이제는 기억을 잃고 무게만 남겨진 탓이었을까. 시간이 흐를수록 무게는 더해지고, 그럴수록 난간은 위태롭게 온몸으로 무게를 끌어안으며 바깥으로 쓰러져 갔을 것이다.

　그 이후, 한 여인이 자물쇠 하나를 해체한 뒤 사진을 찍어올려 화제가 되었다. 어차피 철거될 자물쇠라도 제 손으로 직접 해체한 데에는 그녀만의 사정이 있었을 테지만, 사진 속 그녀의 표정은 더없이 홀가분해 보였다. 연인과 들뜬 마음으로 난간에 자물쇠를 매달던 과거의 그녀는 사랑의 처량한 결말을 짐작할 수 있었을까. 열쇠도 없이 절단기로 제거된 기이한 형태의 자물쇠가 다리 위에 널브러져 있었다.

사랑과, 사랑의 약속이란 도대체 무엇일까. 언젠가 이렇게 허무하게 뜯기고 철거되는 결말이라니. 이미 돌이킬 수 있는 건 아무것도 없다는 걸 알면서도 철거 직전의 난간에서 스스로 사랑의 흔적을 떼어내는 마음을 누군가는 비웃을 수도 있겠지만, 우리는 그 마음에 대해 모르지 않는다. 한순간 우리 곁에 머물다 이제는 잔영조차 남아있지 않은 그 어떤 감정에 대해서 우리는 순전한 냉소주의자가 되지는 못한다. 누구도 그 감정으로부터 완전히 자유로울 수는 없을 테니까.

결국 다리의 철제 난간은 철거되었고, 유리 난간이 그 자리를 대신하게 되었다. 사랑의 자물쇠는 모두 사라졌지만, 사랑은 뜯겨져도 사랑이고, 이별은 채워져도 이별이라는 본질적인 사실은 변하지 않는다. 이제 더는 연인들이 사랑의 흔적을 남길 수 없는 곳에서, 오직 다리만이 여전히 그곳을 지키며 한순간 자신을 스쳐간 모든 연인들의 시간에 대해 침묵하고 있다.

*

　마음을 주섬주섬 꺼내 이곳에 걸어뒀어요. 너무 멀리 떠나간 당신이 이 마음을 보실진 모르겠지만, 제게는 뒤늦게라도 풀어내야 할 마음이 아직 많이 남아있어요. 그때 누군가 제 손에 연필과 종이를 쥐여줬다면 어땠을까요. 그랬더라면 조금은 덜 부끄러워하며 속마음을 꺼내 보였을 텐데요. 한마디 말이 절실했던 마지막 순간에 용기를 내지 못했던 저를 원망해도 좋아요. 얼마나 많은 후회로 사무치는 밤을 보냈는지 당신이 알아줄까요. 이곳에 걸려 있는 수많은 마음을 마주하니 모두 당신이 남긴 이야기처럼 느껴집니다. 나는 그때와 별다를 것 없이 지내고 있어요. 아마도 멀리서 지켜보고 계시겠죠. 지금은 마음이 돌아오는 시간일까요. 그곳에서는 내내 평안하시길 바랍니다.

이방인의 사랑

 사랑에 참여하는 당사자이면서도 늘 사랑을 겉돌던 이방인 같았던 나의 사랑. 학습이 더딘 아이처럼 사랑과 친밀해지는 데에도 지나치게 오랜 시간이 걸렸다. 무엇이 그렇게도 낯설고 어려웠는지 나는 언제나 사랑 안에서 갈피를 잡지 못한 채 길을 헤맸다.

 고장 난 나침반에 의지해 사랑의 좁은 골목들을 기웃거리며 잘 알지도 못하는 무언가를 찾으려 애썼다. 가로등은 쓸쓸하게 명멸하고 있었고, 밤길을 걷다 익숙한 뒷모습을 발견해 돌려세우면 표정이 지워진 얼굴들만이 나를 맞이했다. 무수한 골목이 머지않아 허물어졌고, 나는 또다시 다른 골목을 향해 허탈한 발걸음을 옮겼다. 무엇을 찾고 있는지도 모르면서, 가져본 적도 없는 무언가를 잃어버렸다고 착각하면서.

 언젠가 이름 모를 어느 골목에서 꺼져버린 가로등을 바라보며 어느새 한 시절이 다 지나갔다는 것을 깨닫게 되었다. 그 오랜 시간 동안 도대체 나는 무엇을 찾아 헤맸던 것일까. 사랑의 실마리를 찾아 떠난 길에서 오히려 나를 잃고 돌아온 건 아니었을까. 예전보다 사랑과 친밀해졌다고 믿는 지금의 나도 어쩌면 여전히 골목을 두리번거리는 길 잃은 어린아이에 불과할지도 모르겠다.

무리하지 않는 선에서

　친구와 오랜만에 길을 걸었다. 어릴 적 날마다 함께 걷던 천변 길이었다. 길은 여전한 모습으로 그곳에 남아 있었고, 우리도 변함없이 이 길로 돌아왔다. 우리는 천변의 풍경을 바라보며 한참을 걸었다. 시간이 흘렀을 뿐 우리는 한결같이 그때의 철없던 모습을 간직하고 있다는 게 우습기도 했지만, 한편으로는 그 사실이 참 다행스럽기도 했다. 다만 대화의 주제가 그때와는 많이 달랐다.

　그때는 특정한 주제 없이도 모든 대화가 장난처럼 즐겁기만 했는데, 이제는 대부분 잘 풀리지 않는 것들에 관한 대화를 나누기 시작했다. 사랑과 결혼, 일과 회사와 같은 이야기들을 나누다 보니 우리는 농담에도 예전처럼 웃을 수 없는 사뭇 진지한 사람이 되었다는 걸 알 수 있었다. 그 순간 친구는 조금 지쳐 보였고, 나 또한 그리 다르지 않았다. 장난을 치며 이 길을 걷던 소년들이 비로소 생각처럼 풀리지 않는 세상의 쓴맛을 보게 된 것일까.

우리는 알게 모르게 무리하고 있었는지도 모른다. 조금이라도 더 나은 조건의 사람이 되고자 발버둥치고 있었던 것일까. 누구를 위한 것이냐고 묻는다면 쉽사리 대답할 수 없을 것 같다. 사랑도 인생도 어느 지점까지만 전속력으로 달려내면 우승을 하는 게임이 아니었다. 우리는 분명 시작이 좋았다고 믿었지만, 끝이 보이지 않는 길 위에서 숨이 가빠오기 시작했다. 각자의 페이스가 있다는 것을 알면서도 한참을 앞서 간 사람들에게 질투나 불안을 느끼지 않을 깜냥은 없었던 것이다.

목적지가 보이지 않는 길 위에서 우리가 지금 할 수 있는 일은 막연한 희망을 품어보는 것뿐이 아닐까. 지금은 잘 모르겠지만, 일단 저기까지만 걸어가면 알게 될지도 모른다고. 예상치도 못했던 다른 길을 발견한다거나, 어렴풋이 목적지가 보이게 된다거나, 더는 남들과 어깨를 부딪치며 달리지 않아도 될 넉넉한 마음을 갖게 될지도 모른다고. 우리는 예전처럼 여전히 웃고 있었지만, 어쩐지 그 웃음에서 약간의 쓸쓸함이 묻어 나오는 걸 숨길 수는 없었다.

누구도 우리의 앞날에 대해 말해줄 수는 없지만, 우선은 저기까지만 걸어가 보려 한다. 그리고 그 이후의 일들에 대해서는 그곳에서 다시 생각해 보기로 하고. 다행스러운 건 새로운 관문 앞에 놓인 우리가 그래도 혼자가 아니라는 사실이다. 오래전 함께 걸었던 이 길을 우리가 다시 함께 걷고 있다는 사실이 나를 오래도록 지치지 않게 만들어 줄 것이라 믿는다.

우리 일단 저기까지만 계속 가보자.
무리하지 않는 선에서.

평범한 사랑

그때의 우리는 특별한 사랑을 했다고 믿었지만, 다른 이들은 우리가 그맘때의 지극히도 평범한 연애를 했을 뿐이라고 말했다. 세상에 연인이 단지 우리 둘 만 존재하는 것처럼 오만하게 그들을 비웃던 시절은 지났고, 그들의 예언처럼 우리의 사랑은 각각 서로 분리된 채 씁쓸하게 학습되었다.

거창한 사랑의 선언과 약속을 반복하던 우리는 미래의 감정을 장담하는 일이 얼마나 허무하고 어리석은 일인지 깨달았고, 새로운 만남 앞에서 사랑을 가장한 허술한 고백과 훗날의 약속을 망설이는 습관이 생겼다. 되돌아오지 않는 고백을 기다려줄 사람은 흔하지 않았고, 우리는 각자의 이별을 되풀이하며 시간을 흘려보냈다.

막연한 사랑의 약속도 회의적이었지만, 약속을 외면하는 사랑도 기형적이었다. 특별한 사랑을 꿈꾸던 날들은 짧았고, 평범한 사랑을 동경하는 날들이 이어졌다. 하지만 평범함의 범주는 생각보다 비좁았고, 너무 많은 생각과 감정으로 얼룩진 사람에게는 그 문을 열고 출입할 수 있는 열쇠가 주어지지 않았다.

사랑이 막막해지니 삶 자체가 막막해졌다. 평범한 사랑의 대상과 시기를 지나친 후 세상을 단순하게 바라보는 방법을 잊어버렸다. 우리의 날들은 어렴풋해진 지 오래되었고, 나는 늘 혼재된 마음으로 살았다. 모든 사랑이 유일했지만, 유일함이 특별함을 의미하는 건 아니었다.

사랑 앞에서 조금 더 겸손해야 했던 걸까. 때늦은 후회나 미련 같은 게 추억처럼 지나갔다. 특별하다고 믿었던 우리의 사랑은 지극히도 평범했고, 우리는 그 평범성의 소중함을 스스로 깨달을 만큼 성숙하지 못했다. 오직 세월만이 깨달음보다 빠르게 흘러갔다.

옛 친구에게

 처음으로 편지를 씁니다. 요즘은 어떻게 지내시는지 모르겠습니다. 얼마 전 새해가 찾아왔을 때 그 핑계로 넌지시 전화를 걸어볼까 망설이다 이내 그만두었습니다. 대단한 결심이 필요하지도, 그렇다고 연락을 할 수 없는 피치 못할 사정이 있던 것도 아니었지만, 과거에 잠든 날들을 구태여 다시 현재로 길어올릴 필요는 없을 테니까요. 혹여나 그런 일이 가능하다 할지라도 결국 마주하게 되는 건 과거를 닮은 허물에 불과할 것이라 자신을 타일러 보면서요.

 언젠가 해마다 안부를 여쭙던 시절도 있었는데요, 그때도 긴 대화를 나눈다거나 만남의 약속을 잡는다거나 하는 일은 없었습니다. 오로지 우연에 기댄 척 짤막한 메시지만을 주고받는 것을 끝으로 다시 한 해를 살아가는 식이었지요. 그럼에도 저는 그 몇 줄도 채 되지 않는 메시지들에 관계의 모든 가능성과 지속성의 희망이라는 지나친 의미를 품곤 했습니다. 이따금 그러한 혼자만의 위안이 일상을 고단하게 만들기도 했지만, 때로는 완전한 체념보다는 우유부단한 미련이 삶을 더 끈덕지게 이끌어갈 수도 있다는 걸 느낍니다. 사람들은 기형적이지 않은 무결한 삶의 방식을 어떻게 유지하며 살아가는 걸까요.

단조로운 삶이지만 내면은 늘 소란스러웠습니다. 주인이 같은 내면과 내면이 서로 부딪치는 일에 관하여 저는 더는 의문을 품지 않습니다. 어제와 별다를 것 없는 오늘이지만, 어제와는 전혀 다른 사람처럼 생각하고 행동하게 되는 건 아마도 그들의 다툼 탓이겠지요. 특정한 계기가 있었던 건 아니지만, 어느 순간부터는 모든 일에 확신을 기피하게 되었습니다. 사건이 예상대로 발생하기 이전에는 확신보다는 차라리 조금 멀리 떨어진 태도로 일관하게 된 제 모습이 썩 마음에 들진 않지만요.

어떻게 살아가시는지 모르겠습니다. 세월이 많이 흘렀지만 변한 건 저뿐일까 봐서 염려스럽습니다. 대부분의 기억을 잊은 채로 살아가면서도 가끔은 이렇게 생각이 날 때가 있습니다. 지난날에는 그리움이 행동이 된 순간들도 많았지만 이제는 그 무용함을 모르지 않는 나이가 된 걸까요. 어쩌면 저의 그리움은 정서일 뿐 구태여 더는 행동이 되기를 바라진 않는 것 같습니다. 해마다 비슷한 시일 동안 속절없는 감정과 생각에 잠길지라도 미련한 저를 책망하면 될 일입니다.

잘 지내고 계실까요. 건강은 하실까요. 제가 기억하는 그 시절의 그 모습을 얼마나 간직하고 계실까요. 저는 이렇게나 많이 변했는데요. 가끔 저처럼 그때를 떠올리시는지 모르겠습니다. 언젠가 다시 소식을 전해 들을 날이 올까요.

다만 잘 지내시리라 믿습니다.

얼룩의 형태

    달에 눈길이 머무는 시간이 길어진다. 세월의 주름이 깊어지면서 사물에 사연을 담아보려는 버릇이 생긴 탓일까. 자세히 표면을 바라보면 낯익은 얼굴들이 얼룩처럼 묻어있다. 정확히 언제부터 생겨났는지 기억나지 않는 얼룩들. 커다란 얼룩 속에 작은 얼굴들이 번져있다. 착시인가 싶어 눈을 문질러봐도 얼룩은 선명해질 뿐 지워지지 않았다. 밤의 장막에 달이 가려질 때면 얼룩들은 다른 몸을 빌려 모습을 드러냈다. 강가의 물결과, 바람의 손길에서, 해변의 모래와, 낯선 이의 그림자에서, 어떻게든 문양을 빌려 나타났다. 그런 날에는 대낮에도 만월이 떠올랐다. 얼룩은 달의 영역만이 아니었다. 그들은 어디에나 있었고, 마주칠 때마다 나를 멈춰 서게 했다. 달은 단지 구실이었다. 그것은 속수무책인 그리움이었다.

낡은 종이뭉치

 살아갈수록 순수했던 마음에 때가 묻는다. 그 마음이 새카맣게 변해가는 모습을 바라볼 때마다 어쩐지 지나간 시절이 송두리째 오염되고 있다는 두려움이 커져만 갔다. 하지만 한번 묻은 때는 쉽게 지워지지 않았고, 오히려 지우려 할수록 점점 더 찌들어갔다.

 낭만에 관한 생각도 마찬가지였다. 언제부터였는지는 정확하게 기억나지 않는다. 다만 한순간 낭만이라는 말 자체가 부끄럽게 느껴지기 시작했다. 낭만이라 말하면 현실 감각이 결여된 철부지가 된 느낌이었다고 할까. 왠지 영화나 소설 속 이야기에나 어울릴 법한 단어 같기도 했고, 부모님 세대에나 존재했던 분위기 같기도 했다.
 분명 어떤 기점이 있었을 것이다. 더는 순수와 낭만에 대해 섣불리 말할 수 없게 된 바로 그 기점. 아마도 어른의 역할에 대해 깊게 생각하게 된 순간이 아니었을까. 일상에 대한 책임감이 무거워지고, 시야가 좁아져

한 치 앞만 바라보게 되고, 상처받지 않기 위해 자발적으로 마음이 낡길 바라게 되고, 주위에 숨어있는 작은 아름다움을 발견할 수 있는 감각도 여유도 멀어지던 그 시기.

한때의 마음이 사라져 가는데 내가 할 수 있는 것은 아무것도 없었다. 그렇다 하여 마음의 소멸을 무작정 지켜보고만 있을 수도 없었다. 어떻게든 상실을 막아내야겠다는 다급함에 때마다 내게 찾아오는 생각과 감정을 문장으로 기록하기 시작했다. 기억상실에 대비해 필사적으로 모든 순간을 흔적으로 남겨두려는 사람처럼 절박한 마음으로.

기록을 남긴다는 건 현실의 특정한 순간을 시간의 흐름으로부터 떼어내어 간직하는 일과도 같았다. 사랑과 이별 앞의 연인들이 사소한 행동에도 의미를 부여하는 것처럼, 나 또한 한 시절에 속한 마음과의 작별을 앞두고 혼자만의 의미를 담아 기록에 매달렸다. 혹시나 이 무용한 기록들이 언젠가 기억에서조차 지워질 마음을 영원히 봉인해 줄 것이라 믿고 싶었다.

어쩌면 글을 쓰는 일이란 내가 완전한 어른이 되기 전 마지막으로 기록할 수 있는 낭만의 흔적 같은 게 아닐까. 머지않아 낭만이라는 단어조차 꺼낼 수 없는 건조한 사람이 될지도 모른다. 그러다 결국 내가 낭만을 간직한 이들을 비웃는 사람이 된다면 어떻게 해야 할까. 최소한 그런 어른이 되는 것만은 피하고 싶었는데.

더 늦기 전에 내게도 분명히 존재했던 낭만의 흔적들을 종이뭉치에 눌러 담아 영영 간직하고 싶다. 언젠가 낡고 닳은 종이뭉치가 그만큼 더 변해버린 나를 지켜줄지도 모른다. 이 모든 기록이 마음을 부여잡기 위한 절박함이라고 말한다면 과연 고개를 끄덕여줄 사람이 있을까.

나이가 들어도 글을 쓸 때만큼은 성숙한 어른인 척하고 싶지 않다.

*

　다시 누군가를 새롭게 알아가기에는 지쳐버렸고, 그렇다고 너무 오랜 혼자만의 시간을 참아내기에도 버거운 나날들. 날마다 더없이 많은 사람들 틈에서 일하고 그들과 함께 일상을 살아가지만, 나는 그들의 삶과 조금도 겹치지 않고, 늘 곁에 있으면서도 어쩐지 그들을 멀리서 관찰하는 듯한 느낌을 받는다. 그들이 웃는 모습을 지켜보다 나도 영문도 모른 채 따라 웃고, 그들의 말들을 살펴보다 뒤틀린 모습을 포착한 뒤 홀로 상념에 빠진다. 그들은 어긋난 채로도 조화롭게 살아가는 듯한데 어쩐지 나는 좀처럼 그들의 일부가 될 수 없다. 단지 한데 모였다가 떠나가는 사람들을 멀리서 유심히 바라볼 뿐이다. 망원경을 들고 세밀하게 초점을 맞춰가는 관찰자의 시선으로.

세월의 형태

오래도록 살던 집을 떠나기 위해 이삿짐을 꾸리고 있다. 그리 넓지 않은 공간이어서 언제든 결심만 하면 금세 모든 짐을 꾸릴 수 있을 것이라 믿었는데, 수납장마다 가득하게 채워진 알 수 없는 물건들을 발견하고는 내가 너무 만만하게 생각했었다는 걸 깨닫게 되었다. 직업적인 특성상 평소에도 집에 머무는 시간이 길지 않은 탓에 세간살이를 늘리는 게 부질없는 일처럼 느껴졌고, 그러한 이유로 최소한만 갖추고 살자고 다짐했었는데 도대체 언제 이토록 많은 물건을 들였던 걸까.

게다가 나는 물건에 대해서는 좋게 말하자면 미련없는 사람이고, 나쁘게 말하자면 헤픈 사람이라 특정한 사연이 담긴 물건이 아니라면 한번 사두고 일정 기간 좀처럼 사용하지 않은 물건은 일말의 망설임도 없이 버리며 살아왔다. 그럼에도 이렇게 많은 물건이 발견되는 모습은 마치 어릴 적 숨바꼭질을 하던 때를 연상케 했다. 어디 숨었는지 너무도 뻔했던 아이가 있는가 하면, 말 그대로 꼭꼭 숨어서 간신히 발견했던 아이도 있고, 게다가 평소에 워낙 존재감이 없어서 숨어있는지조차 몰랐던 아이도 있다. 오늘 같은 날은 숨바꼭질에 질려 모두 집으로 돌아가려 할 때 마지막까지 숨어있던 아이가 저 멀리서 내가 아직 여기 있다고, 나만 두고 다들 어디 가는 것이냐고 소리치며 뛰쳐나오는 것만 같다.

언젠가 시장에서 저렴하게 구입했던 앉은뱅이 식탁은 다용도실 구석에 벽처럼 세워져 있고, 그때는 큰마음 먹고 샀던 최신형 전자책은 사람의 손도 몇 번 거치지 못한 채 서랍 깊숙한 곳에 하얗게 먼지만 쌓여있다. 그리고 옷장에 있는 줄도 몰랐던 옛 연인이 선물해준 목도리와, 스웨터 같은 옷가지들도 몇 년 만에 모습을 드러내 희미해진 기억 속의 사랑의 장면들을 떠오르게 했다. 연인에게 선물로 받았던 물건은 되도록 아끼고 싶었는데, 너무 아끼다 보니 착용할 시기를 놓친 것들이었다. 시기를 놓치니 어느새 유행도 지났고, 유행이 끝난 옷들은 이리저리 다른 옷들과 뒤섞인 채 자연스레 옷장의 맨 아래 칸으로 옮겨졌다.

한편으로는 아쉬운 마음도 들었지만 어쩔 수 없는 일들이었다. 무엇보다 그 옷들을 한 번이라도 입어볼 생각으로 집어들 때면 어쩐지 누군가에게 미안한 마음이 들었기 때문이었다. 이미 자주 착용해 옷이 적당히 낡은 상태였다면 오히려 아무렇지도 않았을지 모르겠다. 하지만 그때 선물로 받았던 새 옷을 이제와 처음으로 입어본다는 건, 기억이라는 열차가 다른 정거장을 거치지 않고 과거라는 종착역으로 직행하는 느낌이 들어서 결국은 다시 내려놓게 되었다.

'무심히 흘러가는 세월은 모습을 드러내진 않아도 삶의 곳곳에 자신의 흔적을 남긴다. 사람의 주름진 눈가에, 낡은 물건의 테두리에, 시들어가는 꽃잎에, 먼지 쌓인 서랍 속 추억에 정직하고 꾸준하게 흔적을 남긴다.'

그렇게 사연이 깃든 물건도 그렇지 않은 물건도 각자의 이유를 품고 온갖 새로운 물건에 밀리고 깔린 채로 세월을 버티고 있었다. 그러다 오늘처럼 이삿짐을 꾸리는 날에야 비로소 지루한 숨바꼭질 따위는 끝났다는 듯한꺼번에 자신들의 존재를 드러냈다. 세월에도 형태가 있다면 아마도 그런 모습이 아닐까.

불현듯 마주한 옛 물건들 앞에서 부질없는 상념에 빠지고 말았지만, 그것들이 전부 과거의 내가 살아온 고스란한 기록임은 분명하니 나 또한 적당히 반갑게 떠나보내려 한다. 때로는 추억이 사람의 현재를 갉아먹기 마련이니까. 이제는 앞으로 사용할 물건들만 꾸려서 작별의 인사를 나누면 될 일이다.

마음은 가볍게, 짐은 최소한으로. 그렇게 새로운 공간에서 또 다른 세월과 추억이 차곡차곡 다시 쌓여갈 것임을 안다.

배웅

    가장 먼저 눈치채기 시작해서 가장 마지막까지 미련을 남기는 것. 그것이 깨지기 쉬운 사람들의 숙명 같은 것이라면, 나는 불가피하게도 어떤 징후를 눈치채기 시작했다. 한 시절과의 작별이 임박했다는 것, 그것으로부터 멀어지고 있다는 것, 다시 돌아갈 수 없는 시절이 이제는 영원한 작별의 인사를 건네려 한다는 슬픈 예감이 들었다. 지나가도록 내버려둬야 하는 것들을 너무 오랫동안 부여잡고 있었던, 내가 저물어간다.

# 2부

사랑의 태도

안개의 거리

　안개가 자욱한 거리에서 사랑을 기다린다. 아무것도 정확하게 볼 수 없는 이곳에서 사랑이 오기만을 기다린다. 사람들의 둔탁한 발자국 소리가 사방에서 들려오고, 그들의 희미한 실루엣이 끝없이 내 곁을 스쳐 가도, 사랑의 기척은 도착하지 않는다. 사랑을 닮은 뒷모습을 쫓아가 돌려세우면 얼굴 없는 사람이 나를 뒤돌아보고, 사랑을 부르는 외침은 안개의 장막에 부딪혀 힘없이 추락한다. 안개는 더욱 짙어지고, 나는 방향을 상실한 채 거리를 배회한다. 사랑에 잠겨본 적 있는 사람만이 안갯속에서도 사랑의 얼굴을 알아볼 수 있다는데. 그렇다면 나는, 내가 속했던 시간들은 무엇이었을까. 그토록 찾아 헤맨 사랑의 얼굴이 오직 머릿속에만 존재하는 환상이라면, 나의 기다림은 이미 종결된 미래이다. 미확인된 사랑의 얼굴에 가닿기 위해서라도, 더는 안개가 걷히기만을 기다릴 수는 없다. 지금은 온몸으로 안개의 모서리를 확인할 시간이다.

사랑의 시작

 사랑이 시작된 순간의 파문을 기억한다. 두 개의 세상이 맞물리며 파열하고, 각기 다른 블록들이 어긋나며 결합되는, 무엇보다 앞선 근원적이고 강렬한 끌림을. 당신은 증명하지 않아도 진실과 가깝고, 당신의 이미지는 드러내지 않아도 투명하게 펼쳐진다.

 순수한 열망과 본능적 욕망이 뒤섞이지 않은 순전한 감정은 없겠지만, 예정된 것처럼 당신을 향해서만 움직이는 나를 바라보면, 진실된 마음의 판단이나 정의 같은 건 모두 사랑의 당사자가 아닌 구경꾼들의 간섭처럼 느껴진다. 우리는 밀착하고 분열하며 얼마나 서로에게 맞춰질까.

 완전한 하나가 되기를 바랐던 철 지난 욕심보다는, 서툴지만 가장 가까운 둘이 되어보는 것. 언젠가 우리가 시작의 마음으로 끝을 예견하는 날이 찾아온대도, 섣부른 판단에 매혹되지 않는 성숙하고 현명한 사랑에 도달할 수 있기를.

사랑의 이력

그녀는 사랑에 지쳐 있었다. 반복되는 만남과 작별 속에서 이제는 누군가와의 미래를 꿈꾸는 일도 희망보다는 소모적인 일에 가깝다고 믿었다. 그녀는 누군가와 사랑에 빠져들면 모든 일을 제쳐두고 열성적으로 몰입하는 사람이었다. 사랑은 늘 일순위였고, 사랑을 위해 다른 가치들을 희생하는 것쯤 대수롭지 않았다. 희생하는 만큼 훗날 사랑의 결실을 맺는 순간이 찾아오면 행복과 안정으로 삶이 충만해지리라는 건 예정된 수순이라 생각했다. 모두가 진실된 사랑과 낭만은 사라졌다고 믿는 시대일지라도, 그녀는 여전히 자신처럼 사랑이 전부인 사람이 나타날 것이라 믿으며 사랑을 반복했다. 하지만 매번 찾아온 사랑의 끝에서 그녀가 전해들어야 했던 말들은 때마다 비슷했다.

'사랑이 전부인 당신이 부담스럽다는 말. 적당히 사랑하고 싶은데 당신은 너무 가깝다는 말. 당신의 삶도 돌보며 이기적으로 사랑하라는 말.'

그는 사랑에 목말라있었다. 반복되는 만남과 작별 속에서도 그는 사랑이라는 감정을 실감 해본 적 없었다. 그에게 사랑이란 늘 다른 이들의 경험담으로만 존재할 뿐이었다. 물론 그에게도 누군가를 좋아하는 감정은 있었지만, 모든 일을 제쳐둘 만큼의 크기로 발전하는 경우는 없었다. 그는 사랑도 중요하지만 지금은 사랑보다 중요한 것들이 많다고 생각했다. 그래서 그의 사랑의 크기는 확장이 제한적이었고, 상대방의 감정을 고스란히 감당할 만한 마음의 빈방이 없었다. 하지만 늘 진실된 사랑에 실패해온 그는 남몰래 사랑에 관한 막연한 환상을 품고 있었다. 언젠가 자신도 운명적인 누군가와 열렬한 사랑에 빠지게 될 것이라고. 그의 연인들은 사랑에 무지하면서도 이별에는 마음 아파하는 그를 바라보며 이런 말들을 남겼다.

'당신의 삶을 비집고 들어갈 틈이 없다는 말. 당신과의 거리가 너무 멀어서 우리에게 미래가 없다는 말. 마음을 닫아둔 채 사랑을 시작하지 말라는 말.'

그들은 사랑을 대하는 태도의 양극단에 서있는 사람들이었다. 각자의 사연으로 그들은 사랑에 지쳐있거나, 목마른 사람들이었다.

언젠가 그들은 우연한 계기로 마주쳤고, 마침내 서로에게 이끌리기 시작했다. 가벼운 만남보다는 진중한 만남이 어울리는 시기라는 걸 그들 모두 알고 있었지만, 상대방을 미리 판단할 수 있는 방법도 없었고, 이미 제멋대로 움직이기 시작한 마음을 잠재울 방법 또한 없었다. 그렇게 다시는 찾아오지 않을 것 같았던 사랑이 또 한번 대수롭지 않게 시작되었다. 서로에 대해 아무것도 모르면서도, 어쩌면 이 사람이라면 다를지도 모른다는 소망 가득한 믿음으로.

하지만 그들의 사랑은 시작부터 삐걱거렸다. 눈에 보이지 않는 그들의 사랑의 이력이 각기 다른 태도와 상황을 만들었다. 그녀의 마음은 소진된 상태였고, 그의 마음은 누적된 상태였다. 그녀의 마음은 회복과 휴식이 필요했고, 그의 마음은 열정과 분출이 필요했다. 소진된 마음과 누적된 마음이 만나 균형을 잃고 한쪽으로 기울고 있었다. 그들은 또 한번 시작된 사랑 앞에서 지나치게 잔잔하거나, 지나치게 조급했다. 그들은 이전의 사랑과는 정확하게 반대의 입장이 되어 서로에게 이해와 배려를 구했다. 그 모습은 마치 과거의 자신들을 설득하려는 것처럼 보였다. 새로운 사랑이 시작됐지만, 어쩐지 과거의 사랑이 되살아나 그들을 뒤늦은 성찰의 시간으로 이끌었다. 그때는 도무지 이해할 수 없었던 상대방의 입장이 망령처럼 그들의 주변을 배회하다 비로소 모습을 드러낸 듯했다.

그들은 서로의 지난 사랑의 이력을 알지 못했지만, 왠지 모르게 비슷한 표정이 되어 얼굴을 마주했다. 상대방의 얼굴에서 언젠가 사랑을 잃고 침울했던 자신의 모습이 비쳤고, 그럴수록 각자의 입장을 내세우려던 생각이 침묵으로 바꼈다. 위태롭게 이어지는 침묵을 사이에 두고 그들은 한동안 서로의 눈빛만 바라봤다.

사랑의 이력이 현재의 사랑을 변호하거나 각성시키고 있었다.

*

    우리는 모두 각자의 사랑을 체험하고, 사적인 감상을 풀어내며 떠나는 사람들. 아무런 정답이 없는 곳에서 정확한 정답을 찾으려다 삶을 탕진하고 결국 다시 원점으로 돌아오는, 무한한 순환의 굴레에 빠져 고통받는 사람들. 그럼에도 사랑을 멈출 수 없는 병에 걸린 우리는 언제쯤 이토록 맹목적인 탐험을 끝낼 수 있을까.

낭만적 우연

두 사람이 우연히 만나 연인이 될 확률에 관한 말들은 이제는 진부한 이야기가 되었지만, 그 말들을 처음 접했을 때의 신비로움은 아직도 잊히지 않는다. 인연이 맺어지는 일이란 인간이 관여할 수 없는 초월적이고 우주적인 일처럼 느껴졌고, 인연이라는 말 자체가 품고 있는 아름다운 뉘앙스에 매료되어 낭만적 사랑에 관한 혼자만의 감상에 빠지기도 했다. 운명적인 만남이니만큼 상대방은 나와 모든 부분이 정확하게 들어맞는 완전무결한 사람일 것이라는 믿음으로.

하지만 인연은 사랑이라는 긴 여정의 모든 순간에 손길을 건네고 귀띔을 해주는 탁월한 안내자는 아니었다. 인연은 단지 두 사람을 사랑의 입구까지만 빠르고 편안하게 바래다주고는 뒤에서 문을 닫는 냉정한 문지기에 가까웠다. 여기서부터는 두 사람의 힘으로만 사랑의 여정을 헤쳐나가야 한다는 사실을 오직 그들만 알지 못했다. 그들은 인연의 힘이 언제까지나 사랑의 안내자가 되어줄 것이라 믿었다. 관문이 나타날 때마다 쉽게 넘어설 수 있는 탁월한 비결을 알려주고, 여정의 길 위에는 축복과 환호만을 뿌려줄 완벽한 안내자이길 바랐다.

얼마나 시간이 흘렀을까. 낭만적 환상은 그들을 예기치 못한 곳곳의 웅덩이에 빠뜨렸다. 심지어는 조금만 주의를 기울였어도 충분히 피해 갈 수 있는 곳이었는데 환상에 매혹된 그들은 한 치 앞도 바라볼 수 없었다. 눈을 감고 걸어도 인연의 힘이 작은 웅덩이 정도는 얼마든지 비껴갈 수 있게끔 도와주리라 맹신했던 것이다. 하지만 누구도 웅덩이에 빠진 그들을 꺼내주지 않았고, 당황한 그들은 어떻게든 그곳을 빠져나가려 몸부림치기 시작했다. 그들은 서로 도울 방법을 몰랐고, 인연이 맺어지기 전 본래의 자신들의 모습으로 돌아와 각자의 방식으로 웅덩이를 빠져나왔다.

가까스로 다시 길 위에 선 그들은 숨을 고르며 천천히 서로를 살펴봤다. 진흙투성이가 된 서로의 모습이 어쩐지 결함처럼 보였고, 웃음을 잃은 모습이 건조하게 느껴졌다. 아무것도 하지 않아도 그들을 지켜줄 것이라 믿었던 낭만적 확신은 온데간데없이 사라진 뒤였고, 환상 밖의 그들은 단지 서로에 관해 무지한 낯선 사람들이라는 걸 깨닫게 되었다. 두 사람은 아직 사랑의 여정의 초입이었고, 무수한 관문이 아주 먼 곳에서 따분하게 그들을 기다리고 있었다.

그들은 손에 묻은 흙을 털어내며 서로 다른 곳을 바라보고 있었다. 누군가의 손은 상대방에게로 향하려는 듯했지만, 누군가의 발은 조금씩 물러나려는 듯했다. 그들은 망설이고 있었다. 기대고 싶은 사람은 상대방뿐이었고, 외면하고 싶은 사람도 상대방뿐이었다. 뒤를 돌아보면 문 닫힌 사랑의 입구가 보였고, 앞을 바라보면 안개 낀 길이 펼쳐졌다. 더는 낭만적 만남이 떠오르지 않았다. 대신 이성적이고 현실적인 생각과 고민이 그 자리를 채우고 있었다.

사랑의 생애를 구성하는 다양한 요인들이 중요하겠지만, 어쩌면 생각보다 사람과의 만남과 연결에 가장 결정적인 역할을 하는 건 인연보다는 우연이라는 이름의 초월적인 힘이라는 생각이 그들의 혼란한 머릿속을 스쳤다. 그들의 만남 자체도 우연이 아니라면 불가능한 일이었다는 건 부정할 수 없는 사실이기도 했다. 복잡한 생각에 사로잡힌 그들의 사랑이 나아갈 방향은 지금부터 갈라질 예정이었다.

과거의 학습을 통해 조금은 다른 태도를 취해보거

나, 혹은 과거의 트라우마를 통해 깊어지기 전에 지금 당장 사랑을 그만두거나, 무작정 시간에 기대어 흘러가는 대로 사랑을 방치해두거나. 똑같은 경험도 해석하기에 따라 전혀 다른 얼굴로 그들을 맞이할 것이다. 그들은 기필코 선택해야 한다. 그 선택에 따라 그들의 낭만적 우연의 생애는 지속되거나, 중단될 것이므로.

여기서부터가 진정한 그들의 여정이었다.

*

 낭만적 우연의 역할이 단순히 두 사람을 마주치게 하는 것에 지나지 않다는 걸 순순히 받아들이기란 녹록지 않다. 그것은 우연과 인연이라는 말 자체가 환상을 품고 있기 때문일지도 모른다. 어쩌면 낭만적 우연의 힘이란 그것을 뒷받침하는 노력과 의지가 결합됐을 때 비로소 사랑의 환상이 시들해진 자리를 현실적이고 지성적인 사랑으로 채우며 발휘되는 게 아닐까.

당신과 나의 밤

 당신의 밤과 나의 밤은 서로 닮아서, 하나로 이어진 대도 어긋남 없이 매끄럽게 흘러간다. 맨 처음 당신의 밤과 닿았을 때가 떠오른다. 캄캄했던 나의 밤에 비해 낮처럼 환했던 당신의 밤 앞에서 뒤돌아선 적이 있다. 혹시나 나의 어둠이 당신을 그늘지게 할지도 모른다는 불길한 예감 때문이었다. 달빛에 기대지 않아도 늘 환했던 당신과, 만월이 떠올라도 앞을 볼 수 없던 나. 두 개의 세계가 겹쳐지지 않도록 나는 일부러 길을 잃었다. 엇갈리기 위해서, 스쳐 지나가기 위해서, 가장 멀리 맴돌았다.

 하지만 기꺼이 이어지기 위해 자신의 밝음을 내어주고서라도 자신보다 캄캄한 어둠을 끌어안으려는 사람도 있다는 것을, 벼랑을 앞둔 길 위에서 알게 되었다. 조심스레 발목을 감싸주던 가느다란 달빛이, 실은 당신이 건넨 손길이었다는 것을. 당신의 밤은 조금 덜 환해졌고, 나의 밤은 조금 더 밝아졌지만, 우리의 밤에는 세상을 살아가기에 너무 밝지도 어둡지도 않은 우리 둘만의 소박한 달이 떠올랐다.

    그 달이 비추는 아래, 더없이 다정한 그 길 위에서. 이제는 하나로 연결된 당신과 나의 밤이 오래도록 저물지 않기를 바라며 나란히 밤 산책을 떠난다.

*

자연스럽게 알아가고, 자연스럽게 이어지고, 또 자연스럽게 깊어지다 보면, 어느새 나의 일상은 온통 상대방으로 가득 차 빈틈없이 빼곡해진다. 혼자서는 극복할 수 없는 결핍이나 불안 같은 것들도 함께일 때는 저만치 멀리 달아나 조금 더 견고한 삶을 살아갈 수 있다. 가장하지 않은 온전한 감정과 마음이 우리를 투명하게 만든다. 그렇게 우리는 매일 조금씩 더 가까워진다.

사랑의 두려움

어른의 사랑이 두려운 가장 큰 이유는 과연 이 사랑을 책임질 수 있을까 하는 불확실과, 그럴만한 단단한 생활력과 마음을 갖게 될 수 있을까 하는 불안정. 그리고 과거처럼 혼자 살아남기 위해 도망칠지도 모른다는 부끄러운 망설임과, 태연하고 확고한 척 자신을 위장하는 자기기만과 위선을 견딜 수 없기 때문일지도 모른다.

하지만 그 두려움에 억눌려 다시 찾아온 사랑을 거부할 수 있을까. 사랑의 확신이 없다면 이제는 생선을 단번에 토막 내듯 이미 시작된 마음도 그렇게 깔끔하게 끊어내야만 하는 걸까. 혼자만을 위한 이기적인 사랑이 가능할 수도 있겠지만, 기질적으로 금세 탄로 날 위악도 위선도 취할 수 없는 애매하고 모호한 사람도 있다.

사랑 앞에서 담대해지는 일이란, 우선 자신의 취약성을 인정한 채 상대방과 함께 극복을 시도해보는 것이고, 존중과 배려의 이야기는 그 후에 논의되는 것일 텐데. 자신의 고민에 사로잡혀있는 마음은 상대방에게 기울지 못하고 서서히 자신만을 잠식해갈 뿐이다. 두 사람이 가꿔가는 사랑의 세계에서 상대방을 배제한 채 혼자 고민하고 혼자 판단한다면 그것은 사랑이 아닌 자신만의 몽상과도 다르지 않을 것이다.

사랑을 시작하는 두려움만큼 사랑을 하지 않는 두려움도 크다면, 과연 어떤 선택을 해야 할까. 어떤 쪽도 정답이 될 수 없는 상황에서는 차라리 모든 선택을 외면하고 싶은 마음이 들 때도 있다. 하지만 그럼에도 선택을 해야 한다면, 무엇보다 그것에서 비롯될 책임을 온전히 떠안을 각오를 다잡아볼 필요가 있다. 사랑의 행복은 물론이고 불행까지도 정면으로 감당하겠다는 최소한이자 최대한의 각오.

어른의 사랑이 두렵다는 말은, 사실 그 각오가 부족하다거나 부담스럽다는 핑계와도 같은 말이 아닐까.

*

　사랑은 무료한 일상과는 동떨어진 낯설고도 신비로운 무인도에서 단둘이 표류하는 일과 같다. 그곳에서 발생하는 모든 장면과 순간이 오직 사랑하는 연인들을 위해 무한하게 펼쳐지고, 불안과 초조의 징조가 비집고 들어설 틈조차 없는 견고한 끌림의 세계. 갈망의 몸짓으로 밀착하고 분열하며 서로를 파고드는, 가장 강렬하고 집착적인 삶의 탕진. 이제는 사랑의 회의주의에 함몰되는 것보다, 오히려 영원에 대한 허무맹랑한 믿음이 두려운 시기이다. 어쩌면 사랑의 희망은 이별의 그늘마저 외면하는 지나친 순수보다는, 끝을 짐작하면서도 또다시 공허의 늪으로 몸을 내던지는 무모함 속에서 발견될 수 있지 않을까.

긴 터널

그들은 서로 멀리 떨어진 곳에 살았다. 만남을 위해 버스를 이용할 때면 지나치게 많은 시간을 거리에서 보내야 했지만, 그 모든 시간이 그들에게는 서로를 향한 기다림이었기에 불편하다는 생각은 들지 않았다. 다만 막차가 끊기기 전 서로를 떠나보내야 한다는 초조함과 아쉬움이 늘 뒤따랐다. 각자의 집으로 돌아가는 먼 길 위에서 그들은 막막한 감정에 사로잡혔다. 만남의 여운은 여전히 손끝에 머물러 있었지만, 만남의 시간보다 홀로 되돌아가는 시간이 많았던 그들은 늦은 밤 버스 창문에 비친 허전함을 외면할 수 없었다.

사랑의 시간을 최대한 확보하기 위해서라도 그들의 사랑에는 자동차가 절실한 상황이었다. 마침내 그는 낡은 중고차를 구해 그녀에게로 향하기 시작했다. 지름길 위에는 길고 짧은 터널이 많았지만 그 덕분에 그는 조금 더 빠르게 그녀에게 도착할 수 있었다. 도로가 한적한 늦은 밤과 새벽에도, 체증이 극심한 출퇴근길에도, 그는 들뜬 마음으로 차에 올랐다. 그렇게 그들은 차 안에서 생각보다 더 많은 시간을 함께 보내게 되었다. 바다를 좋아하는 그녀와, 숲을 좋아하는 그는 주말마다 각지의 풍경을 감상하려 드라이브를 떠났다. 때때로 차는 그들만의 식당이 되어주기도, 숙소가 되어주기도 했다. 그들은 자신들을 늘 아름다운 곳으로 데려다 주는 그 낡은 자동차를 각별히 아꼈다.

'자동차의 문을 닫는 순간 그곳은 연인들의 장소가 된다. 외부와는 철저하게 단절된 고요하고 은밀한 곳, 변덕스런 날씨와 물리적인 거리의 제약을 말끔하게 지워내며 무한히 확장하는 둘 만의 작은 세계.'

차에서 보내는 시간이 길어질수록 그들의 대화도 깊어졌다. 그들은 그동안 말하지 못했던 서로의 내밀한 이야기도 조금씩 꺼내놓기 시작했다. 하루는 바다에 다녀오는 길에 넌지시 서로에게 각자의 비밀을 털어놓았다. 고속도로는 유난히 한적했고, 초저녁에 드리운 적당한 어둠이 차 안에 미묘한 분위기를 자아냈다. 차 안에는 소란한 환경에서는 결코 이뤄질 수 없는 서로를 향한 진솔한 몰입이 있었다. 그들은 그 안에서 누구도 이해할 수 없을 것이라 믿었던 각자의 취약점을 토로하는 용기와, 지난 시간의 망설임을 원망할 만큼 너그러이 서로에게 이해받는 감격의 순간을 마주하기도 했다.

그날 바다에 다녀오는 길에도, 평소에 그들이 서로의 집으로 향하는 길에도, 그곳에는 수많은 터널이 있었다. 길고 어두운, 끝없이 이어질 듯한 터널을 통과해야만 서로에게 닿을 수 있었다. 차를 타고 터널을 하나씩 통과할 때마다 그 끝에는 날씨에 따라 전혀 다른 풍경이 펼쳐졌다. 터널의 끝에 불현듯 소나기가 내리는 날이 있었고, 하염없이 눈발이 흩날릴 때도 있었다. 만남을 위해 수천 번 터널을 거쳐왔지만, 그 끝은 모두 터널 안에서는 짐작지도 못했던 낯선 광경들이었다.

그는 문득 사랑하는 연인들 사이에도 수많은 터널이 존재한다는 생각에 다다랐다. 각기 다른 터널을 지날 때마다 서로에 대해 조금씩 더 알아갈 수 있는 길목이 곳곳에서 그들을 기다리고 있는 것 같았다. 아무리 달려도 터널의 끝이 보이지 않아 무력하게 뒤돌아서는 사람이 있고, 끝이 보이지 않아 조금 더 의연하게 페달을 밟아보는 사람이 있다. 그들은 서로에게 어떤 사람이 될 수 있을까. 몇 개의 터널이 그들 앞에 놓여있는지, 언제쯤 터널의 끝에 당도하게 될지, 게다가 지금은 터널의 어디쯤을 지나고 있는지, 살며시 귀띔이라도 해줄 수 있는 사람은 어디에도 없었다.

다만 그는 늘 익숙한 터널에 들어설 때마다 사랑이 다른 차원으로 접어드는 것을 느꼈다. 그들이 차 안에 나란히 앉아 드라이브를 하는 것만으로도 사랑의 안부가 무탈하다는 착각에 빠져들었다. 그럴 때면 그들이 서로 멀리 떨어진 곳에 산다는 사실이 새삼 근사하게 느껴졌다. 연인들에게 자동차는 단순한 이동 수단을 넘어서 서로 조금 더 밀착될 수 있는, 세상에서 가장 밀도 높은 사랑의 장소가 아닐까. 그는 캄캄한 터널의 초입에서 조금 더 힘껏 페달을 밟았다. 그들을 태운 자동차가 긴 터널 속으로 미끄러지듯 모습을 감췄다.

겨울 그날 밤

 오래된 골목을 거닐다 발견한 작은 가게 안. 그곳에는 커다란 창문이 있었다. 창문을 통해 보이는 바깥의 풍경이 온몸으로 달려들 것 같았다. 전봇대 하나가 눈치 없이 골목의 중앙을 가로막고 있었고, 사람들은 그 사이를 지나며 한껏 몸을 움츠려야 했다. 아직 손님이 없는 가게 안에서 우리는 말 없이 골목을 바라보고 있었다. 그녀가 말했다.

 "눈이 내리면 얼마나 아름다울까요."

 실은 나도 그런 생각을 하고 있었다. 창밖으로 눈이 내리는 풍경을 감상하는 것만큼 근사한 일도 없을 것 같았다. 눈발이 굵어지고 좁은 골목에 눈이 푹신하게 쌓이면 근처의 아이들이 나타날 것이다. 난로 옆 작은 의자에 앉아 그런 모습을 함께 바라보는 일, 따뜻한 차 한잔을 마시며 골목의 가로등이 무심히 꺼지는 모습을 지켜보는 일.

그런 순간을 오래도록 기다려 왔다. 대단할 것 없는 소박한 바람이지만, 살다 보면 우리가 꿈꾸는 몇 가지 장면이 겹치는 날도 찾아올 것이다. 그때는 사랑하는 당신과 언어보다는 장면으로 다짐을 해봐도 좋겠다. 밤이 깊어지도록 말없이 어둑한 창밖을 함께 바라보는 것도 좋겠다. 가끔 세상의 일들 잠시 잊어버리고, 나란히 골목의 풍경을 바라보던 오늘의 분위기를 무심코 떠올려 보기도 하면서.

가게 안에는 여전히 우리 둘뿐이었다. 주문한 음식이 늦어지고 있었지만, 재촉할 마음은 들지 않았다. 골목에는 서서히 가로등 불빛이 짙어지고 있었다. 어쩐지 금방이라도 눈이 내릴 것만 같았던, 겨울 그날 밤이었다.

*

　이해하고 설명할 순 없지만 아름다운 것들, 사랑하는 사람을 향한 마음처럼, 그림이나 시처럼, 글을 쓰는 마음처럼, 이유를 물으면 말문이 막히는 것들, 거창한 이유도 명확한 목적도 없이, 무작정 좋아서 열정을 쏟는 것들, 이유와 목적 이전에 존재하는 맹목적인 열망은 얼마나 강인해질 수 있을까. 사랑의 이유를 묻는다면, 아름다움의 정의를 묻는다면, 열망의 근원을 묻는다면, 답변할 수 없는 것들에 대한 대답을 묻는다면, 무엇이라 둘러대야 할까. 단순한 이유를 거창하게 만들어야 할까. 무목적의 열망에도 자격이 필요한 걸까.

마음의 형태

 마음에 관한 일이라면 무엇이든 궁금해진다. 사람이 마음이라는 걸 간직한 채 살아가는 것과, 그곳에서 숱한 감정이 피어나는 것도. 마음에도 형태가 있다면 어떤 생김새를 띄고 있을까. 펄떡이는 심장과 비슷한 모양일까, 머릿속 두뇌의 생김새를 닮았을까, 어쩌면 동그랗고 분홍빛이 감도는 과일을 닮았을지도 모른다.

 마음에도 형태가 있다면 대체 어디에 숨어있는 걸까. 당신은 말했다. 마음은 당연히 가슴 속에 숨어있을 것이라고. 마음을 말할 때 저절로 한 손으로 가슴을 감싸는 걸 떠올려 보라면서. 만약 가슴 속이 아니라면 머릿속에 숨어있을 것이라고도 말했다. 마음은 결국 자유롭지만 충실한 이성의 장난감일 뿐이라면서.

 하지만 나는 줄곧 마음은 눈동자의 뒤편과 손가락 끝에 나누어져 있다고 생각했다. 그래서 아무리 숨기고 싶어도 차마 그곳까진 숨기지 못해 들키고 마는 것처럼. 당신이 나의 눈을 바라볼 때마다 내 눈동자의 뒤편에 숨길 수 없는 마음이 웅크리고 있다는 걸, 당신이 내게 다가올수록 그 마음의 진동이 손끝에 전해져 떨린다는 걸 당신에게 금세 탄로 나고 싶진 않았다.

하지만 누가 알 수 있을까. 우리의 별난 상상과는 상관없이 마음은 늘 보이지 않는 관념일 뿐인데. 그럼에도 좋은 점이 있다면 보이지 않아서 무작정 믿어볼 수도 있다는 것. 만약 사랑이라는 감정이 형태를 띠고 우리 앞에 나타난다면 어떨까. 황홀함도 잠시 우리는 이내 불안에 떨며 사랑을 가늠하려 들 것이다. 일정 수치를 유지하지 못하면 더는 가망이 없다면서 호흡기를 떼어버릴지도 모를 일이고.

당신의 마음속에 떠오르는 마음의 형태가 있는 것처럼, 내게도 오직 나만이 그릴 수 있는 마음의 형태가 있다. 누구나 그렇겠지만 과연 누가 비웃을 수 있을까. 눈으로 확인할 수 없으니 정답이 아닌 마음 같은 것도 없을 테니까. 오히려 그럴수록 더욱 강렬하게 믿고 싶어진다.

우리의 마음이 서로를 알아챘다는 걸 부정할 수 없다면, 이제 서서히 알게 된다. 마음이 어떠한 형태로 어디에 숨어있건 완전히 숨기거나 감출 수는 없다는 걸. 결국은 눈동자의 이면과, 손끝, 그리고 짐작지도 못한 미세한 움직임의 변화에서 불현듯 들키고 만다는 걸. 끝내 마음이 하는 일을 거스를 수 없다는 걸, 우리는 알게 된다.

*

우리는 모두 서툰 사람들. 마음은 있지만 표현에는 미숙하고, 마음은 없으면서 표현을 가장하는, 그렇다고 마음대로 표현하지도 못하는, 표현할 방법을 몰라 영영 괴로워하다가 시들고 마는, 우리는 너무도 서툰 사람들.

옆모습을 바라보다

 운전을 하다 그는 가만히 옆좌석을 바라봤다. 그곳에 그녀가 잠들어 있었다. 조금 전까지만 해도 분명 노래를 흥얼거리고 있었던 것 같은데 언제 이렇게 잠에 빠져든 걸까. 그는 고개를 떨군 채로 단잠에 취한 그녀의 모습이 신기해 차가 신호에 멈춰 설 때마다 자꾸만 바라보게 되었다. 유난히 멀었던 여행길이 피곤했던 걸까. 그는 창밖에 펼쳐진 가을날의 분홍빛 노을을 혼자만 감상하기가 못내 미안해서 나지막이 그녀의 이름을 불렀다. 하지만 역시나 그녀는 아무런 인기척이 없다.

 그는 문득 언젠가 그녀의 잠든 모습을 처음 봤던 날을 떠올렸다. 그날도 그녀는 옆좌석에 앉아 있었다. 연애를 시작한 지 얼마 되지 않아 서로 존댓말을 쓰던 시절이었고, 그만큼 서로에 대해 모르는 게 많아 조심스러웠다. 조용한 음악이 차 안의 어색한 공기를 간신히 채워주고 있었다. 달리는 차 안에서 그들은 한참 동안 대화를 나누다가도 아무런 말없이 창밖의 야경을 바라보며 천천히 목적지로 향하고 있었다. 그날 따라 깊고 맑은 밤하늘에 커다란 달이 떠있어서 마치 유명한 화가의 그림이 눈앞에 걸려있는 듯한 느낌이 들었다.

목적지가 얼마 남지 않았을 때, 그는 오늘처럼 옆좌석에서 아무런 인기척도 느껴지지 않는 순간을 맞이했다. 창쪽으로 고개를 기울인 그녀는 야경을 감상하는 듯했지만 자세히 바라보니 곤히 잠들어 있었다. 그는 내심 이런 생각을 했다. 내가 그 정도로 재미없는 사람이었던 걸까. 하지만 그것보다 그녀의 잠들어 있는 모습이 매력적으로 다가왔다. 도로의 가로수 잎들의 미세한 떨림이 달빛을 받아 그녀의 얼굴에 음영을 만들며 번져가고 있었다. 밤의 분위기가 만들어낸 문양이었는지 그의 감정이 만들어낸 착시였는지는 모르겠지만, 어쩐지 청춘 영화의 한 장면처럼 느껴졌다. 그날 밤 그는 운전을 하면서도 자꾸만 옆좌석을 바라보며 혼자 몰래 미소 짓곤 했었는데, 그 사실을 그녀는 알고 있을까.

그 이후로도 그들은 여전히 서로의 옆좌석에 앉아있다. 그리고 가끔은 그때처럼, 그리고 오늘처럼 이렇게 갑자기 잠에 빠져든다. 그럴 때마다 그는 여전히 그녀를 신기하게 바라보며 이렇게 생각한다. 역시나 내가 재미없는 사람인 탓이라면, 그럼에도 내 곁에 남아준다는 건 더없이 고마운 마음일 것이라고. 그에게는 어느덧 그녀의 잠든 모습을 바라보는 일이 일상이 되었지만 이제는 모르지 않는다. 세상에서 가장 어려운 일 중 하나가 바로 평범한 일상을 지켜나가는 일이라는 것을. 그 일상을 이루고 있는 장면들 중 당연한 장면은 하나도 없다는 것을, 모르지 않는다. 그때와 다른 점이 있다면 이제는 잠든 그녀가 창가가 아닌 운전석 쪽을 향해 고개를 기대고 있다는 점일까.

그녀가 머지않아 잠에서 깨면 졸린 눈으로 그에게 이렇게 말을 건넬 것이다. 깜빡 잠이 든 것뿐이라고, 운전하는데 혼자만 옆에서 잠들어 미안하다고. 그리고는 다시 아무 일도 없었다는 듯이 스피커에서 흘러나오는 노래를 따라 흥얼거릴 것이다. 누군가의 다음 장면을 예상할 수 있다는 건 얼마나 커다란 행복일까. 그들이 만들어낸 이 행복이 언제까지나 이어지길 바라는 마음이다. 그는 오늘도 그녀의 익숙하지만 새로운 반응을 기대하며 조금 더 천천히 운전을 한다.

*

　이따금 순수한 마음은 그 어떤 무기로도 무너뜨리지 못하는 세상에서 가장 견고한 아집과 편견의 벽을 한순간에 허물기도 한다. 유혹과 불안이 무력해지고, 때 묻은 내 모습을 잠재우는 그 마음 곁에서 나는 사랑의 욕심보다는 사람을 지키고 싶은 정체 모를 책임감으로 충만해진다. 가끔은 순수함이 사랑의 걸림돌처럼 여겨질 때도 있지만, 대부분 순수는 아무런 잘못이 없고 대책 없이 낡아빠진 나의 마음 탓이다. 너무 많은 걸 알게 된 후회와 고통에 둘러싸인 내 탓이다. 돌이킬 수 없는 불온한 나의 마음과는 달리, 당신의 순수한 마음만큼은 내게 오염되지 않고 그대로를 간직한 채 머물러 주기를 바랄 뿐이다.

만월

    달 사진을 담으려 한참을 같은 자리에 서 있었다. 카메라로 달을 겨누고 있는 모습이 신기했던 걸까. 사람들은 달과 나의 모습을 번갈아 바라보며 걸었다. 그러다 멈춰 서서 자신들도 저 멀리 달을 향해 팔을 뻗기 시작했다. 초점을 잘 맞춰야 달을 제대로 담을 수 있었지만 그런 건 중요하지 않아 보였다. 다들 서둘러 찍은 달 사진을 어딘가로 전송하는 데 여념이 없었다. 조금 더 선명하게 찍힌 달 사진을 골라서, 그 순간 가장 먼저 떠오르는 사람에게 보내는 일. 그것은 달을 핑계로 속마음을 전하는 일이라던데. 그런 마음을 전해 받는다면, 지구 반대편 누군가의 대낮에도 만월이 차오를까.

당신의 우울

사랑이 만개하는 날씨에도 누군가는 빈집에서 우울을 삼킨다. 기분은 언제나 머물지 않고 변하는 것이겠지만, 그 변화의 폭이 상대적으로 커다란 사람들도 많다. 게다가 우울은 행복에 대해서는 의심을 품고, 고통에 대해서는 확신을 갖은 채로 그 상태가 영원히 이어질 것이라 받아들인다. 그렇게 우울에 잠겼을 때의 감정은 한없이 나락으로 추락하곤 하는데, 이미 추락하기 시작한 마음은 무엇으로 잡을 수 있을까.

곁에서 지켜보며 생각한 가장 확실한 방법은 약물의 도움을 받는 것이었다. 그리고 주변의 사람들이 할 수 있는 것이라면, 따뜻한 말을 건네며 언제나 내가 당신의 곁에 있다는 안정감을 주는 것 정도. 그럼에도 우울한 감정은 쉽사리 회복되거나 통제되지 않는다. 우울감은 기본적으로 자신을 계속해서 세상과 분리 시키려는 성질을 갖고 있는 걸까. 그래서 같은 공간에 있어도 어쩐지 그 사람은 다른 차원의 공간에서 살아가는 것처럼 느껴지는 걸까.

확고하고 헌신적인 사랑이 아니라면 우울함에 빠져 있는 사람에게 지치지 않고 계속해서 마음을 건넬 수는 없다. 깊은 사랑도 우울의 소란스러운 침묵 앞에서는 견디듯 무너지기 마련이다. 여러 사람들의 일회적인 위안의 말보다는, 사랑하는 한 사람의 끊임없는 연락이 보다 효과적이라는 말을 들었다. 답변이 없을지라도, 달가운 반응이 없을지라도, 심지어 연락을 받지 않더라도 계속해서 끊임없이.

사랑이라는 감정이 우울함에 잠긴 사람에게 약물보다 더 효과적이라고 말할 수는 없겠지만, 눈에 보이지 않는 이 감정이 당신에게 도움이 되었으면 한다. 사랑이 우울을 예방하진 못한대도 마음의 충격을 완화해주는 장치가 되어주길 바라는 마음으로. 비록 사랑마저도 무력한 순간이 찾아온다 할지라도, 결국 사람의 마음을 소생시키는 것 또한 사랑뿐이라는 절실한 믿음만은 잃고 싶지 않다.

사랑의 딜레마

사랑을 떠올리면 평안한 일상을 살아갈 수 없다. 긴 시간 침식된 일상의 형태와 흐름이 사랑으로 인해 규칙을 상실한 채 흔들린다. 나는 누구도 내부를 관찰할 수 없는 견고하고 불투명한 유리에 둘러싸인 삶. 바깥의 소란보다는 내면으로의 산책이 익숙한 침잠하는 나의 세계. 사랑을 알게 된 이후 나는 거대한 균열로 진동한다. 머지않아 깨지고 쏟아져 내릴 것처럼. 사랑은 우리 사이의 심연을 관통해 주저 없이 명료하게 정면으로 걸어온다. 온종일 일상에 틈입하는 사랑을 떨쳐낼 방법도 의지도 없는 나는 고스란히 나를 내어준다. 사랑을 떠올리면 일상이 나의 통제를 벗어나고, 또다시 사랑을 떠올리면 더는 평범한 일상을 살아갈 수 없다. 경로를 벗어난 보통의 하루를 뒤늦게 미행할 뿐. 사랑은 환희와 축복일까, 불안과 균열일까, 혹은 그 모든 것일까. 사랑의 통제를 받는, 사랑의 딜레마에 빠진 삶을 살아간다.

사랑의 저울

사랑이 버거울 때. 사랑이 현실에 파묻혀 안간힘을 써봐도 시야에서 조금씩 멀어지는 순간들. 사랑과 현실을 저울에 올려두면 마음과는 정반대로 자꾸만 저울이 현실 쪽으로 기운다. 저울이 고장 난 게 틀림없다고 항변해봐도 결국 화살은 나를 향한다. 저울의 심판을 속일 수는 없는 일. 마침내 사랑은 그 판정을 받아들인다.

그 후. 사랑은 불가해한 감정이라며 애써 자신을 타이르던 기만적인 나의 민낯을 본다. 후회는 늘 때늦지만 머지않아 잊힌다. 망각의 힘으로. 그 어떤 특별한 사랑도 결국은 피해 갈 수 없던 것처럼.

사랑과 현실이 저울 위로 올라가면 내면에 거센 풍랑이 휘몰아친다. 그것은 고뇌에 탁월한 재능이 있는 자들의 고질병 같은 것일까. 앞서 사랑하고, 앞서 이별하는, 발생하지 않은 모든 날들을 미리 살아가는 사람들이 필연적으로 앓는다는 유행병. 여전히 과거에 머무는 일도, 함부로 먼저 미래에 닿는 일도, 결국은 현재의 나를 갉아먹는다.

이기적인 나의 욕심은 지금의 나로 살아가는 것. 흘러간 시절과 다가올 미래에 아랑곳하지 않고 오직 지금의 나로서만 사랑하는 것.

사랑의 불안

 당신과 작년에 왔던 이곳을 올해도 다시 함께 찾아오게 되었어요. 아마 작년에도 이맘때였던 것으로 기억합니다. 가을이 짙어지던 때였지요. 호수 건너편의 푸르기만 했던 나뭇잎이 붉게 물들기 시작하던 때 말이에요. 그 울긋불긋한 나무들에 햇빛이 내려앉으면 데칼코마니처럼 강물에도 단풍이 번져 물들었던 걸 기억하나요. 그 모습을 어떻게든 사진에 담아가려 애썼지만 역시 눈으로 바라보는 것만큼 선명하진 않았습니다. 그런데 생각해보면 그때의 우리는 아직 서로 서먹했었던 것 같아요. 그때 찍어둔 사진 속 우리의 표정도 지금처럼 편안해 보이진 않는 것처럼요.

 어렴풋이 생각이 납니다. 보폭을 맞춰 흔들리는 다리 위를 걸으며 나눴던 대화들이요. 당신은 우리의 인연과 만남이 얼마나 오래도록 이어질지 몰라 불안하다는 말을 꺼냈었죠. 어떻게 연인 사이에 믿음이 자라나는 것인지, 그리고 그 믿음을 어떻게 지켜내야 하는 것인지 모르겠다며 숱한 걱정을 했었는데요. 흔들 다리 위 당신의 모습이 어쩐지 조금은 불안해 보였습니다. 불쑥 찾아온 마음이 머지않아 지금의 계절처럼 또다시 멀어지게 될 것이라는 슬픈 예감을 하는 것처럼요. 제가 원체 기질적으로 속을 알 수 없는 사람처럼 느껴진 탓이었을까요. 사진 속의 우리가 미소를 띠고도 서먹해 보이는 건 어쩌면 그 불안마저 숨길 수는 없었던 허술한 마음과 표정 때문이었나 봅니다.

사실 당신에게 털어놓지 못한 게 한가지 있어요. 부끄럽게도 제게는 사랑하는 사람과의 추억이 깃든 특정한 장소를 다시 찾아온 경험이 거의 없었거든요. 그만큼 누군가와의 만남을 오래도록 이어갈 수 없었다는 의미인데요. 제가 유별난 탓이었겠지만 늘 상실과 소멸에 대한 불안이 뒤따랐습니다. 작년 이 맘때의 우리처럼요. 정확히 말하자면 이 맘때의 저처럼요. 늦었지만 저의 불안한 마음을 당신에게까지 옮겨가게 했던 거 사과하고 싶어요. 불안은 언제나 사랑을 무너뜨렸지만, 당신과의 사랑은 오히려 불안을 잠재우는 느낌이라면 믿어줄 수 있을까요. 저는 관계에 있어서 한 번도 넘어선 적 없었던 벽을 넘어서면 전혀 다른 세상이 펼쳐진다는 말을 믿지 않았거든요. 그런데 지금 우리가 다시 찾아온 이곳에서 아마도 우리는 이미 이전과는 조금 다른 세상으로 넘어온 게 아닐까 혼자 생각해보기도 했습니다.

그때의 우리는 흔들리는 다리 위를 걸으며 애써 보폭을 맞추려 노력했지만, 지금은 신경 쓰지 않아도 어느새 서로의 보폭이 많이 맞춰졌으니까요. 때로는 우리도 서로 다투기도 하지만, 이별을 떠올리며 그대로 멀어지지 않고 이내 다시 서로에게 돌아오게 되었으니까요. 멀어질지라도 서로의 반경을 벗어나지 않고 결국 제자리로 되돌아오는 관계, 저는 늘 그런 인연을 기다려왔는지도 모릅니다. 혹시나 지금도 알 수 없는 불안에 시달리는지 묻는다면, 근원적인 불안이 완전히 사라졌다고 말하긴 어렵겠지요. 하지만 분명한 건 지금 남아있는 불안은 예전과는 달리 우리의 반경 안쪽의 미약한 바람이라는 겁니다. 저의 불안이 다시는 당신을 향하지 않도록 꽁꽁 묶어두겠다고 약속할게요.

올가을도 머지않아 지나가게 되겠죠. 하지만 내년 이맘때쯤 가을은 아무 일도 없었던 것처럼 또다시 찾아오게 될 거예요. 사랑이라는 감정도 계절처럼 완전히 사라지는 게 아니라, 우리의 만남 안에서 수많은 모습으로 끊임없이 순환한다는 걸 알게 해줘서 고맙습니다. 이듬해의 우리가 어느 곳에 닿아있더라도 오늘의 순간을 기억해주길 바라는 마음을 담아 편지를 마무리할게요.

순종의 시간

늘 너무 많은 기억을 부여잡고 있는 점이 문제였다. 찰나일지라도 당신과 내가 우리였던 순간이 있었다면 아무리 오랜 시간이 흘러도 나는 우리의 장면들을 좀처럼 잊지 않았다. 만남에서 이별까지의 모든 장면들을 세세하게 기억하기보다는, 만남 동안에 마음을 깊숙하게 뒤흔들었던 사건들을 중심에 둔 채 나뭇가지가 사방으로 뻗어 가는 방식으로서의 기억이었다. 사랑이었을지, 혹은 사랑을 닮은 감정이었을지 확신할 수 없는 그때의 만남에 미련이 남았기 때문은 아니었을 것이다. 무언가를 오래도록 기억하는 건 내게는 불가피한 하나의 자세 같은 것이어서 기억 속에 등장하는 인물의 선명도와 지속력은 그 시절 마음의 깊이와는 별개의 문제였다.

처음에는 모두가 과거의 장면들을 기억하며 살아가는 줄 알았다. 하지만 지나간 일을 쉽게 잊는 사람들이 생각보다 더 많았다. 단순히 기억력의 차이일 수도 있겠고, 잊지 않으면 살아갈 수 없는 사연을 품고 있을 수도 있겠지만, 나의 경우에는 순전히 장면들이 뇌리에 남아 있기 때문에 기억을 유지하는 편이었다. 그래서 불현듯 당신이 떠오른다고 해서 당신이 그립다는 걸 의미하진 않았다. 물론 지나간 모든 만남으로부터 조금의 후회나 미련도 남지 않았다고 말한다면 거짓말이겠지만, 과거에 사로잡혀 결과를 뒤바뀔 수 있다고 믿을 만큼 무모한 시기 또한 전부 지나갔다. 이제는 지나간 일이란 과거에 벌어졌던 사건의 에피소드처럼 문득문득 불규칙하게 나열되는 것이라 믿었다.

그런데 요즘은 나의 의지와는 상관없이 생생하게 떠오르던 과거의 장면들이 더는 떠오르지 않는다. 심지어는 특정한 장면을 기억해내려 애써봐도 장면들은 주파수가 맞지 않는 화면처럼 지직거리다 암전되기를 반복한다. 기억을 쌓아둔 창고가 포화 상태가 되어 더는 기억을 불러낼 수 없게 된 걸까. 아니면 자연스러운 기억의 감퇴를 질병의 증상처럼 여기게 된 탓일까. 언젠가 다시 사랑의 기억이 회복되거나, 혹은 이대로 모든 기억이 증발한대도 불가피한 일이겠지만, 나는 이 갑작스런 변화의 연유가 궁금할 따름이다. 나이가 들수록 모든 변화의 원인을 자신보다는 시간의 흐름 탓으로 돌려댈 때가 많아진다. 어쩌면 그것은 결코 부정할 수는 없는 정답일지도 모른다.

하지만 시간이라는 존재에 너무 많은 죄명을 덮어씌우다 보면 늘 극한의 허무와 맞닥뜨리게 된다. 특별하다고 믿었던 사랑과 이별도, 긴 세월 머무를 줄 알았던 후회와 미련도, 그리고 몇 번의 시절과 삶까지도, 모두 한순간에 흔적도 없이 휩쓸어가는 시간의 흐름에 나는 순종할 수밖에 없다. 거역은커녕 의문조차 품을 수 없을 만큼 압도된 상태로 무릎을 꿇는 수밖에 없다. 너무 많은 기억을 부여잡은 사람도, 너무 많은 기억을 흘려보낸 사람도 각각의 고통을 겪겠지만, 결국은 같은 자세로 시간 앞에 고개를 숙이게 된다.

시간은 아무런 죄가 없다. 죄가 있다면 기억을 간직하거나 흘려보내는 일에 선택의 여지가 있다고 믿었던 내게 있을 것이다. 애초부터 선택권이란 없었다. 다만 수용하고 순종하는 일만이 가능했다.

비밀의 장소

 어린 시절 안방에는 또 하나의 문이 있었다. 그 문을 열면 오래된 나무 계단이 나타났고, 천천히 계단을 따라 올라가면 작은 다락방이 모습을 드러냈다. 두 평 남짓한 좁은 공간에 낡은 가구와 온갖 세간이 긴 세월 뽀얀 먼지를 뒤집어쓴 채 잠들어 있었고, 굳게 닫힌 커튼 뒤로 숨어있던 커다란 창문은 우리 집 마당과 골목을 고스란히 내보이고 있었다. 집이라는 익숙한 곳에서 낯선 공간을 새로 발견한 기분이란 당시 인기를 끌던 모험 영화보다도 설레고 흥분되는 일이었다.

 누구도 사용하지 않던 그 다락방은 곧장 나의 아지트가 되었고, 유난히 내성적이고 수줍음이 많았던 나는 가족들과 수시로 마주치는 거실이나 방보다 오히려 다락방에서 머무는 시간을 즐기곤 했다. 내 방에 있던 각종 장난감을 다락방으로 옮겨두는 것은 물론이고, 부모님에게 들키기 쉬운 일기장이나, 좋아하는 여자아이와 주고받았던 편지들을 다락방 한구석에 치밀하게 숨겨두기도 했다. 심지어는 가족과 함께 식사할 때도 내 몫의 음식을 챙겨 다락방으로 올라가는 바람에 부모님의 잦은 한숨 소리를 들을 정도였으니 그때의 나는 얼마나 그 다락방을 좋아했던 걸까.

다락방은 늘 평화로웠지만 그 공간만의 진가를 발휘하는 날은 따로 있었다. 학교에서 친구와 다투고 한껏 심술이 났던 날이나, 학원을 상습적으로 빠졌다는 걸 부모님에게 들켜서 울적했던 날이나, 몰래 비밀일기를 써야 했던 날들이 그랬다. 누구의 눈치도 볼 필요없이 다락방에 올라와 혼자 웅크린 채 시간을 보내기만 해도 놀라울 정도로 기분이 나아졌고, 들키기 싫은 어린아이의 온갖 작업을 완료하는 데에도 완벽한 공간이었다. 때로는 가만히 창밖을 내다보며 골목을 오가는 사람들을 구경하거나, 내리는 비나 눈을 오래도록 바라보기도 했었는데, 지금 생각해보면 그맘때의 아이가 수시로 생각에 골몰해 있는 건 흔하지 않은 일이었다. 하지만 그건 이상하거나 특별한 행동이라기보다는 단지 타고난 기질의 영향이 아니었을까.

하루는 우연히 같은 반 아이들이 우리 집에 놀러 온 적이 있었다. 그날은 내 생일이었고, 당시의 아이들은 생일에는 반드시 주인공의 집에서 파티를 해야 한다는 암묵적인 약속이 있었다. 하지만 그보다도 순전히 그 아이들 중에 내가 좋아하던 여자아이가 있었다는 이유로 순순히 모두를 초대한 것이었다. 일터에 있던 엄마가 미리 시켜준 여러 음식을 앞에 두고 우리는 소란스럽게도 놀았다. 실은 다른 아이들은 전혀 내키질 않았고, 그 여자아이와 단둘이 놀고 싶은 마음이 가득했지만 속내를 들킬 수는 없었다. 그런데 아이들이 모두 거실에서 비디오 게임에 열중한 사이, 내게 여자아이와 단둘이 부엌에서 대화를 나눌 기회가 찾아왔다.

하지만 막상 좋아하는 아이를 마주하니 어색한 기운이 감돌았다. 몇 걸음이면 온 집안을 구경할 만큼 넓지 않은 집이었지만 나는 어색함을 이겨내지 못한 채 뜬금없이 그 아이에게 집 구경을 시켜주었다. 내 방을 시작으로 안방으로 건너갔을 무렵 여자아이가 어김없이 구석의 작은 문을 발견하고는 궁금한 듯 정체를 물어왔다. 내가 얼버무리는 사이 여자아이는 이미 문을 반쯤 열고 있었고, 급기야 나무 계단을 발견하고는 보물을 발견한 것처럼 크게 소리치며 다른 아이들을 불러모았다. 아이들의 입장에서는 얼마나 그 계단과 그 너머 미지의 공간이 궁금했을까. 내가 아무리 거기는 올라가면 안 된다고 가로막아도 들뜬 아이들은 아랑곳없이 계단을 뛰어 올라갔고, 다락방에 가장 먼저 침입한 아이는 내가 정성껏

꾸며온 장소가 신기했는지 연신 날뛰기 시작했다. 뒤이어 아이들이 하나둘 계단을 따라 오르기 시작했을 때 나의 얼굴은 이미 붉어진 뒤였다.

'내성적이고 수줍은 아이는 주로 착하다는 말을 많이 듣는다. 하지만 그건 대부분 오해일 때가 많다. 사람들 대신 자기 자신과 대화를 많이 나누는 탓에 얌전한 것뿐인데, 얌전하다는 이유로 착한 아이로 구별된다.'

나만의 비밀의 장소에 함부로 침입한 아이들의 행동을 더는 참을 수 없었고, 장소를 처음 폭로한 여자아이를 더는 좋아할 마음도 없었다. 나의 생일에 나는 처음으로 아이들 앞에서 폭발하고 말았다. 착하다고 오해받던 아이가 폭발하면 모두가 당황한 채 일어붙는다. 간혹 왜 화를 내느냐며 시비를 거는 아이가 있어도 참다못해 폭발한 아이를 이겨낼 수는 없었다. 여자아이 또한 곧바로 다락방에서 내려와 단지 너의 공간이 궁금했을 뿐이라며 내게 사과를 했지만, 정작 분을 못 이겨 울음을 터뜨린 건 나였다. 생일 파티에 감격해 흘린 눈물이었다면 얼마나 좋았을까. 머지않아 아이들은 떠났고, 나는 빈집에 홀로 남겨졌다. 남은 음식들이 차갑게 식어갔고, 거실은 어지럽혀져 있었다. 돌이킬 수 없는 그날의 생일 파티가 그렇게 끝이 났다.

다락방이 있던 그 집에서 우리 가족이 얼마나 더 살았었는지는 정확하게 기억나지 않는다. 분명한 건 문득 그 다락방이 그리워지기 시작한 무렵이 되니 나는 이미 평범한 사회인이 되어있었다는 사실이었다. 이제는 그 시절 내가 좋아하다가 말았던 여자아이의 이름도 얼굴도 더는 기억나지 않는다. 돌이켜보면 설명도 구차한 유년시절의 사건이었지만, 다시 그때로 돌아간대도 하물며 내가 짝사랑하는 사람일지라도 함부로 나만의 장소에 넘어온다면 나는 그때와 다르게 반응할 자신이 없다. 누구에게나 세월이 아무리 흘러도 결코 변하지 않는 기질이 있다고 믿는다면 합리화에 불과할까. 이해나 배려를 구하기에는 너무 오랫동안 굳어진 나의 습성을 어떻게 해야 할까.

오래된 나무 계단을 타고 오르던 그때의 다락방은 영원히 사라졌지만, 여전히 내 마음속에는 세월만큼 차곡차곡 쌓인 비밀의 장소가 있다. 그럴듯한 비밀도 없는 텅 빈 공간일 뿐이지만, 그 누구도 나 몰래 함부로 들어설 수는 없는 곳. 오직 나만이 자유롭게 드나들며 어지럽히거나 정리할 수 있는 나만의 아지트. 그렇다면 내 마음속 그곳도 다락방이라 부를 수 있을까.

*

　너무 가까이 다가서면 우리는 서로를 제대로 볼 수 없어요. 우리는 조금 멀리 떨어진 곳에서 서로의 전체를 바라봐야만 해요. 각자의 사랑의 태도가 겹치는 은밀하고도 위태로운 곳. 때로는 숨 막힐 듯 비좁거나 자유로이 광활한 그곳에서. 마침내 우리는 긴 세월 서로를 사랑할 수 있어요.

사랑한다는 말

사랑하는 연인들은 필연적으로 감정과 마음에 사로잡힌다. 그들은 상대방에게 서로의 마음을 전하며 사랑을 무한히 재확인한다는 암묵적인 조건으로 만남을 유지한다. 물론 사랑 이외의 감정 또한 수없이 나눌 관계이지만, 어떤 상황과 감정 속에서도 사랑을 재확인하는 것보다 중요한 것은 없는 것처럼 만남을 이어간다.

사랑을 고백하거나 감정을 토로할 때는 자연스럽게 말을 사용하게 된다. 그런데 구사할 수 있는 표현은 생각보다 빈약하고, 말의 그릇은 생각보다 비좁아서, 품고 있는 감정이나 마음을 고스란히 담아낸다는 것은 불가능에 가깝다. 최대한 현재의 감정과 흡사하고 익숙한 단어를 선택해서, 말 이외의 요인들인 표정, 목소리, 분위기 등등에 기대어 섬세하게 표현해볼 수 있을 뿐이다.

그럼에도 말은 상대방에게 전달되는 도중에도 실시간으로 흩어지고, 받아들이는 사람의 다양한 요인들에 의해서도 왜곡이 발생한다. 고심 끝에 신중하게 전달한 말이 오해를 불러일으킬 때의 낙심한 감정이란, 그 또한 말로 표현하기 지극히 난감할 따름이다. 게다가 혹여나 말이 마음을 온전히 담아 정확하게 전달되었다고 하더라도, 기록해두지 않는 이상 그것은 언제든 연인들의 기억 속에서 각색되거나 상실되기도 한다.

연인들은 사랑을 처음 고백하던 날의 분위기를 기억하고 있을까. 어쩌면 사랑한다는 말은 연인들의 최후의 말이기도 해서 감정에 사로잡혀 그 말을 습관처럼 사용하다 보면, 어떤 순간을 기점으로 사랑한다는 말을 접해도 이전처럼 마음에 파도가 일렁이거나 일상에 따뜻한 햇살이 내리쬐진 않는다. 비록 반복적인 말이 담고 있는 마음이 퇴색되지도 않았고, 오히려 습관적인 말에 안정과 신뢰를 느끼는 성숙한 관계가 자리를 잡았을지라도, 익숙함이라는 잔인한 속성은 수시로 연인들을 사랑의 시험에 들게 한다.

그래서 사랑한다는 말의 사용과 빈도는 연인들 사이의 끝없는 딜레마가 아닐 수 없다. 사랑한다면 얼마나 자주 사랑한다고 말해야 할까. 얼마나 사랑하는지 말로 설명할 수 있을까. 감정의 무한한 층위에서 지금의 마음을 정확하게 표현할 수 있는 부분을 골라낼 수 있을까. 그것이 불가능하다면 사랑한다는 말을 대체할 수 있는 다른 말을 지속적으로 찾아내 사용하면 될 테지만, 그 생각에 다다른 연인들은 헤어나올 수 없는 깊은 심연으로 끌려들어 간다. 설령 그들만의 사랑의 대체어를 발견하게 될지라도, 그 말 또한 머지않아 유통기한을 넘기는 순간 익숙함의 늪에 빠지게 될 예정이니까.

연인들의 마음속에는 숱한 감정들이 혼재해 있는 것에 비해 담아낼 수 있는 말들은 너무 한정적이고 단순해서 그 한계가 적잖이 억울하게 느껴진다. 하지만 그런 한계를 뛰어넘고서라도 연인들은 주기적으로 그들의 사랑을 재확인하려 끊임없이 사랑의 말들을 매만진다. 자신의 사랑이 평범하지 않은 특별한 감정이라는 걸 세심하게 전달하기 위해서, 당신을 얼마나 사랑하는지 에둘러서라도 이해시키기 위해서, 연인들은 날마다 언어를 탐구하며 그들만의 고유한 말들을 풀어낸다. 내일이면 또다시 되풀이될 비슷한 사랑의 말들을.

사용되지 않는 무수한 말들이 사라지고 있어도, 사랑의 표현들만큼은 더는 사라지지 않고 우리 곁에 남아 있는 건, 말의 한계에 고통받는 연인들의 멈추지 않는 사랑의 표현 덕분인지도 모른다.

맨 앞의 감정

 삶의 주름이 깊어질수록 감정은 쉽사리 제 모습을 내어주지 않았다. 감정들은 서로의 이면이어서 늘 뒷모습으로 다가오거나 동시에 몰려들었다. 그들은 서로를 내외하면서도 혼자만 따로 찾아오는 법이 없었고, 언제나 얼굴을 붉힌 채 앞다퉈 서로를 맨 앞으로 떠밀었다. 사랑이라 믿었던, 사랑일 수밖에 없었던, 사랑이 아니라면 불가능했던, 그토록 확신에 가득 찬 순간의 감정도 자세히 들여다보면 이면에 숨은 다른 감정들의 실루엣이 비쳤다. 사랑의 얼굴을 한 연민과, 안정의 얼굴을 한 불안과, 배려의 얼굴을 한 집착과, 위로의 얼굴을 한 권태를 비롯해 무수히 많은 얼굴의 감정들이 각자의 순서를 기다리고 있었다.

 그렇게 나는 맨 앞에 선 감정으로 당신을 마주했다. 당신은 내 뒤에 줄을 선 숱한 감정의 이면을 볼 수 없겠지만, 그들은 언제든 변덕스럽게 순서를 바꿔가며 맨 앞의 감정이 되었다. 마지못한 맨 앞이었을지라도 감정들은 금세 자신만이 당신을 향한 유일하고 진실된 감정이라며 역할에 전념했다.

당신의 혼란을 바라보며 나는 감정들의 짓궂은 장난을 원망했다. 당신을 사랑하는 마음과는 별개로 지금 맨 앞에 선 감정이 사랑을 닮지 않은 모습일까 염려스러웠다. 만약 사랑의 감정이 표현해낼 수 있는 표정이 단 한 가지라면, 나는 항상 그 결백한 표정으로 당신을 마주했을 텐데.

하지만 서로 혼합되지 않은 무결한 감정은 행방을 감춘 지 오래되었고, 사랑은 무수한 감정과 표정의 착란으로 우리를 시험에 들게 했다. 만약 지금 당신을 마주한 맨 앞의 감정이 사랑을 닮지 않았더래도, 사랑을 의심하기에 앞서 조금은 다르게 생각해줄 수 있을까. 지금 우리의 맨 앞에 선 감정은 순환하는 사랑의 감정들 중 하나에 불과하다고, 사랑 안의 무수한 감정 중 하나가 떠밀려 나와서 오늘의 표정이 된 것일 뿐이니, 바로 뒤에서 순서를 기다리는 다른 모습의 감정을 조금만 기다려줄 수 있겠느냐고.

때로는 섣부른 판단보다는 묵묵한 기다림이 길 잃은 사랑의 좌표를 되찾아줄지도 모를 일이다. 감정의 심술궂은 장난도 두 사람의 단단한 매듭을 헝클기에는 역

부족이고, 반드시 다시 돌아올 것을 믿는 두 사람의 신뢰는, 결국 혼란을 끝없는 무질서가 아닌 예정된 하나의 순서로 받아들이게 할 뿐이므로.

사랑의 조력자

　자신의 편협한 생각과 마음의 틀을 깨뜨려줄 조언이 아니라면, 대부분 사랑의 조언은 이미 마음속으로 길을 내둔 곳으로의 확신을 안겨줄 뿐이다.

　사랑의 세계는 중심을 이루는 당사자들과, 사랑의 성숙에 도움을 제공하는 조력자들과, 사랑의 결핍을 파고들어 깨트리려는 훼방꾼들이 공존하는 안정과 불안이 혼재된 곳이다.

사랑은 때때로 의도치 않은 흐름에 휩쓸리기도 하기에, 자신의 입장을 명확하게 객관화할 수 없는 우리는 때때로 조력자가 필요하다. 우리의 입장이라면 무턱대고 동조하는 가벼운 등장인물이 아닌 우리의 협소한 시야를 질타하고 혜안으로 방향을 제시하는 현명한 조력자.

　하지만 우리의 주변에는 대체로 우리를 닮은 사람들로 빼곡해서, 진실된 조언을 구할 만한 조력자를 찾기란 여간 힘든 일이 아니다. 그런 은인을 만난다면 더할 나

위 없는 축복이겠지만, 결국은 혼자만의 생각으로 입장을 다듬고 정리해야 할 때가 대부분이다.

그럴 때는 모든 판단을 유보한다. 나만으로 가득한 나의 입장과 생각을 끊임없이 의심해보려 한다. 누구도 일방적으로 정답일 수 없는 사랑의 세계에서 시간을 확보한 채 실마리를 찾아 떠나보려 한다. 나의 경험을 통해서, 내가 쓴 글을 통해서, 나를 최대한 객관화해보려 한다.

물론 주위에 탁월한 사랑의 조력자가 없다는 건 아쉬운 일이지만, 그보다 더 비극적인 건 사랑의 당사자들 스스로 각자의 입장만을 내세운 채 그들의 사랑을 무너뜨리는 훼방꾼이 되는 경우이다. 하지만 수많은 이별이 다른 훼방꾼의 등장보다는 당사자들만의 작은 입장 차이에서 발생한다.

사랑을 탄생시킨 이들과 사랑을 파괴한 이들이 결국은 동일한 인물들이 된다는 건 너무도 참담한 일이다.

그러므로 계속해서 시도해보는 수밖에 없다. 상대방의 입장을 바꾸려는 것보다 우선은 내가 갇힌 틀을 깨트리는 방식만이 사랑을 다치지 않게 한다는 믿음으로. 사랑의 당사자들 스스로 그들만의 현명한 조력자가 될 수 있도록.

*

 사랑의 다툼에서 섣부른 사과와 무모한 화해는 도피와 외면의 행각일 뿐 그 어떤 사소한 문제도 해결해줄 수 없다. 엉킨 실타래가 순순히 풀리지 않는다는 이유로 급하게 실을 잡아당기면 다시는 돌이킬 수 없을 만큼 단단히 엉키는 것처럼, 다툼도 얽힌 지점조차 모른 채 무턱대고 화해만을 원한다면 결국 관계를 방치하는 것과 다르지 않다. 근원이 풀리지 않은 사랑의 다툼은 잠시 유예될 뿐 언제든 되살아나 관계를 이전보다 더 심하게 옥죄일 뿐이다.

소심한 메시지

오래도록 안부가 궁금했던 사람들이 있다. 그들에게 선뜻 먼저 연락을 하지 못했던 이유는 아마도 나의 연락을 상대방이 어떻게 받아들일지 필요 이상으로 망설여온 탓일 것이다. 그렇게 그들과 연락을 주고받은 지 몇 해가 지나고, 이제는 언제가 마지막이었는지조차 기억나지 않는다.

그때 내가 먼저 연락을 했더라면 그래도 덜 어색하게 서로 대화를 나눌 수 있었을 텐데, 이제는 좀처럼 용기도 내지 못한다. 괜스레 감정에 취해 연락했다가 금융 상품 가입 권유 정도로 오해받을지도 모른다는 장난 섞인 걱정과, 혹시나 서로 반갑게 인사를 나누게 된다 한들 그때부터 끊임없이 이어질 적막을 이겨낼 자신도 없다.

다만 함께 했던 순간들이 자꾸만 생각나서 이러지도 저러지도 못하는 상황이랄까. 관계의 수명이라는 게 있다면 그들과 나 사이의 수명은 이미 끝나버린 게 아닐까. 그런 줄도 모르고 나는 관계의 소생에 실낱같은 기대를 걸어보고 있는 듯하다. 이제는 미련을 버렸다고 믿었지만, 어쩌면 나는 멀리서 여전히 관계라는 문을 바라만 보며 서성이고 있었던 걸지도 모른다.

해마다 잊었다고 믿었던 그들이 생각나는 때가 있다. 명절이 찾아올 때, 연말과 새해가 찾아올 때가 그렇다. 일 년 동안 한 번도 연락을 주고받지 않았던 사람들도 그때가 되면 서로에게 안부를 묻게 되니까. 비록 다수에게 보내지는 동일한 메시지일지라도, 그 기회에 서로 형식적인 안부나마 물을 수 있게 되는 때인 것만은 분명하다.

자꾸 생각난다는 것은 그립다는 것일까. 감정의 정체도 알지 못한 채 나는 그들의 연락처와 프로필 사진을 들여다보며 망설이게 된다. 그런데 어쩐 일인지 새해 첫날인 오늘은 마시지도 못하는 술기운이 오른 것처럼 불현듯 용기가 생겨 그들에게 메시지를 적기 시작했다. 차마 전화를 걸어보진 못하고 나답게 소심하게 짤막한 문장들을 다듬어 메시지를 완성했다.

그들 모두에게 메시지 한 통씩을 보내두고, 길게 숨을 내쉬었다. 내 연락을 그들이 어떻게 받아들이든 될 대로 되겠지 하는 심정으로, 하지만 정작 답장이 없으면 얼마나 침울해질까 하는 걱정으로. 그럴 바에는 차라리 마음 편히 휴대전화를 잠시 꺼두기로 했다. 비로소 안부를 먼저 묻는 일, 그 오래 묵혀온 숙제를 해내고 홀가분하게 집을 나섰다.

바깥은 종일 내린 눈으로 설국이었다. 날씨는 매서울 정도로 추웠지만 쌓인 눈은 어쩐지 포근하게 느껴졌다. 골목마다 아이들이 만들어 놓은 작은 눈사람들이 손을 흔들고 있었다. 이렇게 함박눈이 펄펄 내리는 풍경이 얼마나 오랜만인지 눈밭을 거닐면서도 믿기지 않았다. 그 평화로운 풍경의 틈 사이를 비집고 이런 생각이 끼어들었다. '그런데 그들은 지금쯤 메시지를 확인했을까.' 새해 첫날의 함박눈도 나라는 사람의 기질을 막아낼 수는 없었다.

메시지를 보낸 일에 조금의 후회도 없다면 거짓말일 것이다. 감당하기 쉽지 않은 감정들이 밀려올 것도 같다. 그럼에도 마음 한편이 따뜻해지는 걸 숨길 수는 없었다. 안부를 먼저 물었을 뿐인데 벌써부터 이렇게 초조해지면 어떻게 해야 하나. '역시나 사람밖에 없다'는 생각을 하다가도, '그럼에도 사람은 어렵다'고 수시로 생각을 고쳐가며 혼자 이리저리 눈밭을 걸었다. 눈 위에 남겨진 발자국들이 내 마음처럼 정신없이 뒤범벅이었다.

아무렴 괜찮지 않을까. 문득 안부를 물어도 전혀 대수롭지 않을 새해 첫날이니까. 게다가 이렇게 하염없이 눈이 내리는데. 이런 날은 누구라도 한 번쯤은 옛 생각이 날 것이다. 잊고 지냈지만 언젠가는 마음을 나눴던 사람들을, 어떻게든 기억하고 어떻게든 잊어가며, 그렇게 계속해서 살아갈 것이다.

*

    언젠가 한 시절을 함께 나눴던 사람도 있고, 얼마 전까지만 해도 목소리를 주고받던 사람도 있고, 더는 이 세상에 존재하지 않아 닿을 수 없는 사람도 있다. 우리는 저마다의 관계라는 문을 만들어 두고 서로를 초대한다. 누군가는 문턱에 걸려 넘어지고, 누군가는 며칠을 머물다 떠나고, 또 누군가는 오래도록 곁에 남기도 한다. 우리가 언젠가부터 이렇게 소원해졌는지 알 수 없다. 단지 오늘은 거리가 너무 멀어진 그들이 사무치게 그리워 이렇게 못난 메모만 남긴다.

사용하지 않는 마음

아끼던 유리잔 하나가 바닥에 떨어졌다. 투명한 크리스탈 재질의 얇은 찻잔이었는데 언젠가 친구가 러시아에 다녀오며 선물로 준 물건이었다.

다행히 잔이 깨지진 않았지만 자세히 보니 몸통을 가로지르는 가늘고 긴 실금이 생겨있었다. 다른 잔들보다 유난히 표면이 맑고 아름다워 소중하게 다뤄왔는데 내 실수로 이렇게 되다니 스스로 참 한심하게 느껴졌다. 금이 간 잔을 손에 쥔 감각 자체가 아슬아슬해서 혹시나 나도 모르게 컵을 깨뜨릴지도 모른다는 걱정에 유독 조심스러워질 수밖에 없었다. 그래도 이 정도 실금이면 사용하기에 큰 무리는 없을 것 같아서 우선 찬장에 보관해두기로 했다.

그런데 그날 이후로 나는 그 잔을 좀처럼 사용할 수 없게 되었다. 이전처럼 자연스레 잔에 손길이 가다가도 이미 금이 간 잔이라는 사실을 떠올리고는 이내 다른 잔으로 손길을 돌리게 된 것이었다. 분명 그 잔을 사용해도 별다른 이상은 없을 테지만, 손을 대면 금방이라도 잔 전체에 금이 번지며 깨져버릴 것 같아서. 그리고 혹시나 잔에 차를 따르면 그대로 금이 간 틈새로 흘러내려 바닥을 흥건하게 적실 것 같아서. 그렇게 조금씩 다른 찻잔을 사용하는 날들이 많아지기 시작했다.

    시간이 얼마나 흘렀을까. 찬장을 열 때마다 그 잔은 항상 제자리에 그대로 있었지만, 이제 더는 사용하지 못한다는 아쉬움이 들진 않았다. 실금이 간 이상 잔은 가만히 찬장의 한 귀퉁이를 지키고 있을 뿐 찻잔의 역할을 할 수는 없었다. 하루는 먼지만 하얗게 쌓여가는 잔을 바라보며 조금은 서글픈 생각이 들었다. 가장 아끼던 잔을 금이 갔다는 이유로 찬장에 두고 바라만 보다 이제는 그 잔이 친구의 선물이었다는 것조차 까마득히 잊어가고 있었던 것이다. 멀어지는 일의 간단함은 생각보다 일상의 곳곳에 숨겨져 있었다.

    돌이켜보면 사람의 마음도 별반 다르지 않았다. 여리고 꾸밈없는 마음과 마주할 때면 나는 평소보다 유난히 조심스러워졌다. 사소한 다툼에도 세상에서 가장 커다란 시련을 겪은 듯 아파하는 마음을 바라보면 나는 잔뜩 긴장한 채 몇 발짝 뒤로 더 물러서게 됐다. 금이 간 잔을 손에 쥐는 것처럼 혹시나 나로 인해 그 마음이 상처를 받고 깨질까 봐서. 그래서 찬장처럼 안전한 장소에 보관해두고 그 모양 그대로 지켜주고 싶은 마음이었다. 그 상태를 유지하는 것만이 가장 아름답고 안전할 것이라는 나만의 이기적인 착각으로.

그런데 사용하지 않는 잔은 이제 더는 잔이 아니게 되듯 사람의 마음도 사용하지 않으면 더는 마음의 역할을 할 수 없게 되는 건 아닐까. 사랑하는 사람의 상처 받은 여린 마음에 또다시 생채기를 내지 않으려 멀찍이 거리를 두고 바라만 본다면, 그 마음은 단단하게 성장하지 못한 채 생각지도 못한 곳에서 깨져버릴 수 있다. 그렇게 예고도 없이 조각난 마음은 회복의 가능성 또한 까마득히 멀게만 느껴진다.

그것은 사랑이 아니라 과잉보호가 아니었을까. 바깥세상에는 아름답지 않은 것들이 많다는 이유로 언제나 성 밖으로는 나가지 못했던 동화 속 공주의 삶처럼 그것은 사랑의 가면을 쓴 일종의 구속과도 같았다. 소중한 만큼 다툼을 주저하기보다는 직접 부딪치며 조율하는 과정을 통해 지켜낼 수도 있다는 걸 알지 못했다. 사람의 마음을 단단하게 성장시키는 건 다른 사람의 마음과 기꺼이 정면으로 마주할 때가 아닐까. 설령 가끔 부딪쳐 금이 갈지라도 상처를 외면하기보다는 상처마저 무릅쓰는 태도로.

찬장을 바라보다 오랜만에 실금이 간 찻잔을 꺼냈다. 언젠가 이 잔으로 차를 마시다 결국 깨져버리는 날이 찾아온다 해도 그날이 올 때까지 내가 가장 아끼던 이 잔을 더는 방치하지 않으려 한다.

찻잔에 가만히 찻물을 따랐다. 잔에 담긴 물은 어디로도 새지 않고 고요했다. 실금 같은 건 아무것도 아니라는 듯 찻잔은 여전히 제 역할을 해내고 있었다. 오늘따라 짙게 번지는 차향이 입안을 따라 마음마저 가득 메우는 듯했다.

*

　너무 늦은 연습이 되겠지만, 지금부터라도 가면을 벗는 연습을 해보려 한다. 특히나 사랑을 대할 때는 내 본모습이 어떻게 비칠지라도 더 솔직하고 떳떳해지고 싶은 마음으로. 그 과정에서 나는 다시 실패를 거듭할지도 모르겠지만, 사랑과 함께 살아가는 삶을 포기하고 싶지 않다. 사랑은 가면극이나 독백이 아닌, 삶의 전부도 아닌, 우리가 함께 꾸려가는 일상의 수많은 일부라는 것을 깨닫고 싶다. 그 지점에 당신과 함께 나란히 도달하고 싶다. 내 사랑의 역사에 잘못된 지점이 있었다면, 그곳으로 되돌아가 말끔하게 고친 뒤 다시 당신에게로 돌아오고 싶다. 나는 여전히 조금 더 사랑을 알고 싶다.

3부

사랑의 미래

회복기의 연인들

그들은 서로의 시선을 바라보지 못했다. 어쩐지 정면으로 눈빛을 마주하면 안 될 것 같았다. 연인이 된 이후 그들은 오랜 시간을 서로의 눈빛에 잠겨 살았다. 눈빛은 오늘의 날씨 예보처럼 날마다 그들의 기분과 감정을 고스란히 드러냈다. 마음을 들키기 싫은 날에도 거짓말은 쉬웠지만 눈빛은 거짓을 담을 수 없었다. 감정이 달라지면 눈빛이 변했고, 눈빛이 변하면 표정이 달라졌다. 그들은 그렇게 눈빛만 바라봐도 서로의 상태를 알아챌 수 있는 연인이었다.

그들은 테이블을 앞에 두고 식어가는 커피와 창밖의 풍경만을 번갈아 바라봤다. 이따금 서로의 얼굴과 손동작을 곁눈질하며 시간을 흘려보내고 있었다. 그러다 우연히 눈빛이 마주칠 때면 잘못을 들킨 어린아이처럼 시선을 다른 곳으로 옮겼다. 누가 먼저 말을 꺼낼까 눈치를 보다가도 막상 무슨 말이 어울릴지 몰라 얼룩진 커피잔만 만지작거렸다. 관심도 없는 옆 테이블 연인들의 대화가 가깝게 들렸고, 그들은 어수선한 분위기 속에서 가까스로 적막함을 지켜내고 있었다.

다툼은 특별하지 않았고, 화해는 간편하지 않았다. 세월처럼 차곡차곡 쌓인 오해가 그들을 가로막고 있었다. 오해는 늘 사건을 왜곡하고 착시를 일으켰다. 화해가 수월했던 시절도 있었지만, 어느덧 내구력이 떨어진 그들은 오해와 착각을 손쉽게 진실로 단정 지으려 했다. 어긋난 감정이 앞서 서로의 마음을 들여다보려 하지 않았고, 때로는 서로가 아닌 다른 누군가와의 가능성을 떠올려보는 날들도 있었다. 계절마다 불어오는 바람에 흔들릴 때도 있었지만, 그들은 바람에 휩쓸리지 않고 여전히 서로의 곁에 있었다.

많은 연인들이 이별을 말하는 이 분위기 속에서 그들은 이별하지 않을 것이다. 식어버린 커피를 앞에 둔 채로 허무하게 이별을 말하지 않을 것이다. 늘 그래 왔듯 그들은 당분간 서로의 눈빛을 바라보지 못한 채 서먹하게 지낼 것이고, 다정하고 상냥한 말투와 표정이 되돌아오기까지는 생각보다 오랜 시간이 걸릴지도 모른다. 하지만 화해하려는 의지가 오해하려는 힘을 압도한다면, 그들은 여전히 괜찮다.

지금의 그들은 이별하는 연인들이 아닌 회복기의 연인들이다.

권태롭고 안정적인

벚꽃이 만개한 봄날의 거리에서 그들은 서로의 손을 잡고 천천히 걸었다. 유난히도 청량한 날씨에 세상의 모든 연인이 한곳에 모여든 것처럼 거리는 북적였다. 벚꽃과 어울리는 화사한 옷차림의 연인들과는 달리 그들은 가장 편안한 옷차림으로 매년 찾아오는 한 구간을 익숙한 모습으로 건너는 것처럼 보였다. 다른 연인들이 서로의 간격을 좁힌 채 함께 사진을 찍는 모습을 무심히 지나치며, 그들은 서로의 사진을 찍어주는 것보다는 꽃비가 내리기 시작한 아름다운 거리의 풍경을 담고자 애썼다. 사진첩에는 매년 같이 찍은 사진들이 가득했기에 온라인에 인증할 용도가 아니라면, 또다시 금세 지나갈 짧은 봄날의 풍경을 온몸으로 만끽하는 일에 전념하고 싶었다. 그들은 그것으로도 충분했고, 여전히 서로가 곁에 머무른다는 사실에 충만했다.

그때 한 연인이 그들에게 다가와 잔뜩 수줍은 기색으로 사진을 부탁했다. 그들은 흔쾌히 카메라를 받아서

들고 연인을 향해 셔터를 눌렀다. 카메라 앞의 연인은 좀처럼 서로 밀착하지 못한 채 손을 어디에 둬야 할지 망설였다. 손을 잡거나 어깨를 감쌀 수도 있겠지만 아직은 모든 게 조심스러운 막 시작한 풋풋한 연인처럼 보였다. 연인은 그들에게 연신 고맙다는 인사를 건네고 자리를 떠났지만, 그들은 동시에 이런 생각에 사로잡혔다.

'우리에게도 저런 시절이 있었는데, 이제 우리 서로 친구처럼 너무 편안해진 건 아닐까. 그렇다고 행복하지 않은 건 아닌데 이대로도 괜찮은 걸까.'

모든 연인이 결코 피해 갈 수 없는 근원적인 질문 한 가지가 평화로운 봄날을 거닐던 그들에게 불현듯 날아들었다.

물론, 그들도 사랑이 시작된 순간의 설렘과 긴장을 생생하게 기억하고 있었다. 모든 순간이 처음이라는 말과 함께 발생하며 온종일 신경 세포를 저릿하게 만드는 그때의 감정과 느낌을, 그들은 잊지 않고 있었다. 게다가 그들은 그 설렘의 시기가 영원할 것이라 믿을 만큼 순진하지도 않았다. 몇 번의 연애를 통해 사랑의 유통기한의 무심함과, 익숙함이라는 감정의 잔인함에 대해서도 이미 맞닥뜨려본 후였다. 그 시기를 관통하면서 그들은 사랑을 적당히 신뢰하고 적당히 의심하기로 했다. 그렇지 않으면 사랑에 전부를 걸었던 대가로 모든 이별의 상처를 끌어안은 채 홀로 남겨지게 될 테니까. 그 누구도 아닌 자기 자신의 마음을 지키기 위해서라도 그들은 사랑 앞에서 늘 움츠러들곤 했다.

사실 그들이 이토록 익숙하고 편안한 사이가 되었다는 건 오래전 서로가 불투명하던 시기를 무탈하게 건너왔다는 증거가 될 수도 있었다. 상대방을 관찰하고, 파악하고, 부딪치며, 맞춰가던 시기에는 안정적이고 편안한 관계란 너무 머나먼 이야기처럼 들렸고, 그 과정에서 지나치게 소모된 감정으로 연애가 막을 내릴 뻔한 적도 더러 있었으니까. 그때의 그들은 서둘러 이 시기가 지나가기만을, 그들의 사랑과 관계에 안정이 찾아올 날만을 손꼽아 기다렸다.

그리고 드디어 그들의 사랑에 안정기가 찾아왔지만, 사람들은 그 시기를 '권태기'라고 불렀다. 설렘과 긴장이 사라지고, 익숙함이 그동안의 세월을 잠식하고, 더는 관계를 이끌어갈 동력이 결여된 듯한 상태. 정말로 그들에게 안정기가 아닌 권태기 찾아온 것일까.

그들에게 사랑에 대한 환상 같은 건 없었다. 다만 사랑의 관계가 안정기에 접어든 건 서로 처음이었던 까닭에 여전히 그들의 관계가 사랑인지 확신할 수 없었던 것이다. 모두가 등반해본 산일지라도 그들에게는 낯설기만 했고, 누구도 말해준 적 없으니 제대로 정상을 향해 올라서고 있는지도 알 수 없었다.

그들의 관계가 사랑인지 확인해볼 방법이 한가지 존재하기는 했다. 그것은 바로 이별 후에 관계를 되돌아보는 일. 하지만 그들은 더는 사랑의 진부한 과정을 반복하고 싶지 않았다. 권태기라는 이름으로 무턱대고 사랑을 그만둔다면, 늘 설레는 낯선 관계를 찾아 헤매다 또다시 포기하는 무한한 반복의 굴레를 벗어날 수 없다는 것도 알았다. 그들은 그 어리석은 반복에 뛰어드는 대신 현재의 관계에서 그동안은 도달해보지 못했던 깊숙한 심연에 닿고 싶었다.

그들의 관계가 지금까지 이어질 수 있었던 건 순전히 그들의 노력 덕분이었다. 언제든 그들이 선택한 상대방과의 관계를 그만둘 수 있었고, 전혀 다른 사람과의 미래를 꿈꿀 수도 있었다. 그럼에도 여전히 그들이 서로의 손을 놓지 않았다는 건 단지 서로 오랫동안 친근한 사이이기 때문만은 아닐 것이다. 그들은 떨림의 감정이 한순간 불처럼 지나간 뒤에도 권태기라는 세간의 말에 현혹되지 않을 진득한 시간과 마음을 나눠 가졌다. 그 누구도 함부로 파고들 수 없는 그들만의 빼곡한 세월을 함께 보냈다.

'똑같은 시기를 건너면서 누군가는 지금을 안정기라 부르고, 또 누군가는 지금을 권태기라 부른다. 같은 시기를 전혀 다르게 받아들이는 건 분명 시기의 문제라기보다는 생각과 마음의 차이 때문이 아닐까.'

어쩌면 사람들은 연애의 해결책이 곧장 보이지 않으면 섣불리 권태기를 앞세우는 것인지도 모른다. 고단한 노력보다는 권태기라는 말에 책임을 떠넘기는 편이 간편하기 때문일지도.

연인들은 그들에게 찾아온 잔잔한 일상이 언젠가 그들이 그토록 바랐던 안정과 평온의 시기라는 것을 자꾸만 잊으려 한다. 권태는 인정하는 순간 틈이 벌어진 마음을 숙주로 삼아 기생한다. 그것은 벚꽃이 흩날리는 거리의 황홀한 연인들도 비껴가지 않고 치밀하게 파고든다.

결국 지금 이 순간을 안정기로 삼을지 혹은 권태기로 삼을지에 관한 모든 결심 또한 연인들의 몫인 셈이다. 자신들의 마음을 아는 건 오직 사랑하는 연인들뿐이므로.

*

　모든 일에 요란하고 싶지 않다. 사랑도 마찬가지. 요란해야 깊은 건 아니고, 잔잔하다고 얕은 건 아닌데. 어쩐지 세상은 요란함의 크기를 마음과 의미의 크기로 오해하는 것 같다.

사랑의 확장

 사랑의 확장에 대한 가능성은 우리가 줄곧 사랑이 끝났다고 생각하는 지점에서 결정된다. 비록 연인들이 계산적인 사랑에서 완전히 자유로울 수는 없을지라도, 사랑이 여전히 감정의 산물인 것만은 분명하다. 감정의 동력이 소진되기 이전의 연인들은 사랑의 시작과 동시에 그들이 직접 쌓아올린 장막 안에서 생활한다. 상대방에 관한 환상적 이미지를 골조로 세운, 외부와는 철저하게 단절된 사랑의 장막. 연인들은 다른 사람들과 함께 어울리며 살아가는 것처럼 보이지만, 사실은 그 장막 안에 고립된 채 오직 단둘이 사랑하고, 단둘이 마찰하고, 단둘이 타협하며 살아간다. 언젠가 연인들 감정의 동력이 불충분해 사랑의 장막이 사라질 때까지.

 사랑의 장막이 사라지면 고립되어 있던 그들의 감정이 외부로 노출되면서 그동안은 관심을 끌지도 못했던 다른 사람들의 시선과 이야기를 서서히 수용하게 된다. 둘만의 감정으로도 충만했던 장막 안의 세상이 처음으로 객관화되는 순간이 찾아오자 연인들은 혼란에 빠진다. 사랑의 시간은 날마다 성실하게 쌓여갔지만, 감정적 시기에는 사랑의 성숙과 방법에 대해서는 숙고해본 적도, 필요를 느껴본 적도 없었다. 사랑을 탐구하지 않고 그들의 감정에만 의지해온 연인들의 사랑은 축소되기 시작한 반면에, 사랑을 감정에만 의지하지 않고 지성적으로 탐구해온 연인들의 사랑은 확장되기 시작한다. 무조건적이고 지속적인 사랑이 가능하리라 믿었지만 그 정도의 헌신적이고 이상적인 사랑은 부모의 사랑을 제외하면 불가능하다는 걸 깨닫는다.

사랑의 확장이라는 의미는 감정의 확장이라기보다는 감정에 의지하지 않고도 사랑의 관계를 유지할 수 있는 능력에 가깝다. 감정에 휩쓸려 자신의 자아가 손상되는 줄도 모르고 상대방만을 북돋아 주던 때가 있었다면, 사랑의 확장은 자신의 자아를 보호하면서도 상대방을 포용할 수 있고, 시야를 넓혀 때마다 관계의 균형을 조절할 수 있는 능력과, 막다른 길일지라도 쉽게 돌아서지 않는 의지에 가깝다. 연인들은 소진된 감정의 동력을 처음처럼 되살릴 수는 없겠지만, 사랑을 조율하는 능력은 연습을 통해 발전이 가능하다. 사랑에도 재능이 존재하는지는 알 수 없어도 늘 그렇듯 재능을 압도하는 건 연습과 노력이다. 그것은 사랑의 끝이라고 믿었던 곳에서 무너지지 않고 그 너머로 향하는 방법을 탐구하는 지성과 용기이기도 하다.

그렇다면 사랑의 확장이란 사랑의 환상적 이미지와 감정의 영원성에 미련을 두는 태도가 아닌, 사랑의 능력을 연인들의 지혜와 노력으로 끊임없이 발전시키려는 묵묵한 결심의 산물이라고도 말할 수 있지 않을까.

반복의 힘

　낯선 곳으로 떠나는 여행도 좋지만 가끔은 언젠가 우리가 함께 걸었던 곳을 다시 찾아가고 싶을 때가 있다. 과거의 발자취를 따라 걷다 보면 멀어져가던 그날의 순간이 다시 우리에게 가까워지는 기분이 든다. 시간의 흐름 앞에서 우리는 한없이 작고 나약할 뿐이지만, 그럼에도 우리는 다시 이곳을 걷는다. 우리의 기억이 잊히려 할 때마다, 휴식이 필요할 때마다 함께 돌아오고 싶은 장소. 망각이 가장 두려워하는 건 반복의 힘이다. 반복은 망각에게 틈을 내어주지 않는다. 우리만의 고유한 무기인 그 힘으로 결코 소멸하지 않는 무한한 기억이 되고 싶다.

훗날 소년에게

　언젠가 이 편지를 읽을 때쯤의 너는 어느 시절을 살아가고 있을까. 얼마나 오랜 시간이 흘렀을지는 모르겠지만 이제는 너에게 생의 안부를 묻고 싶다. 세상은 빠르게 변하는 듯하면서도 뒤돌아보면 제자리걸음일 때도 많았는데, 세월 앞의 너의 삶은 어땠을까. 여전히 광활한 삶의 지평 위에서 너만의 균형을 찾고자 위태롭게 걷고 있는 건 아닌지, 아직도 스스로 세워둔 틀을 벗어나지 못한 채 비좁은 네 안에 갇혀 사는 건 아닌지, 이제는 주변에 너와 함께 삶을 헤쳐나갈 진실된 사람들이 있는지 궁금하다.

　편지를 쓰고 있는 지금의 나는 삶의 흥미를 조금 잃은 것도 같아. 적성에 맞지 않은 직업도, 열망 가득했던 글쓰기도 자꾸만 내게서 멀어지려 하는데 어떻게 해야 다시 활력을 찾을 수 있을지 도무지 모르겠다. 유년 시절부터 나는 너무 많은 생각과 고민에 잠겨 삶의 아름다운 부분은 외면한 채 구태여 깊은 곳에 감춰진 음울한 이면을 파내려는 습성과 공존했어. 특히나 관계 속 풀리지 않는 문제 앞에서는 오래전 길을 잃고 같은 곳만 맴돌고 있고. 실은 나는 지금쯤이면 유년기에나 어울릴 법한 그런 유치한 고민들이 순조롭게 해결되거나, 무뎌진 마음에 더는 상처가 되지 않을 줄 알았거든. 그래서 이제는 나와 같은 고민을 겪는 사람에게 모범적인 해결책을 건넬 수도 있지 않을까 생각했었는데, 실상 내게는 여전히 아무런 해답이 없고 다른 사람들만 실속 있는 어른이 되었지.

지금의 너는 사랑하는 사람과 살고 있을까. 사랑은 언제나 방심하는 순간 엉켜버리는 실타래처럼 한 번 꼬이면 좀처럼 풀어낼 수 없어서 처음부터 다시 시작하고 싶은 무책임한 충동이 엄습할 때도 있었지. 충동을 억누르려는 의지와 낯선 세계로의 호기심이 부딪치는 혼란 속에서 나는 실수를 반복하며, 과거의 학습을 망각해 버리곤 했어. 그 어리석은 무한의 굴레가 끝나는 날에는 내게도 평온한 사랑이 찾아와줄까 싶었지만, 불안은 예고도 없이 관계를 기습해 감정을 송두리째 뒤흔들어 놓기 일쑤였고. 사랑을 향한 거듭된 참회와 희망도 결국은 이기적인 마음이라는 걸 알면서도 모른 척하며 살았던 셈이지. 사람과 가깝지 않은 내게는 사랑이 유독 큰 의미였고 그만큼 한 사람에게 생의 많은 부분을 기댈 때가 많았는데, 목적지를 알 수 없는 나의 지리멸렬한 여정에 선뜻 동반해줄 사람을 발견하기란 녹록지 않은 일이었어.

부끄럽고 부질없는 고백이 담긴 편지가 될 것이라면 다른 사람보다는 차라리 저 미래에 닿아있는 훗날의 너에게 띄워 보내기로 했어. 너만은 네가 이미 걸어간 발자국을 천천히 뒤따르고 있는 내 모습을 언제든 들여다봐 줄 테니까. 이따금 씁쓸하게 고개를 저을 때도 있겠지만 너만은 말없이 고개를 끄덕여줄 일들도 많을 테니까. 만약 내게 행운이 따른다면 아무 날의 바람결에서 미래의 네가 보낸 무언의 메시지를 알아챌지도 모르지.

너는 지금의 나와는 달리 늘 무언가에 쫓기지 않고, 마음에 평온과 여유를 간직한 채 살아가는 사람일까. 인생에 대해 너무 많은 걸 궁금해하지 않고 적당히만 알면서 살아가는 평범한 사람, 일상의 소소한 행복에 만족하고 감사할 줄 아는 마음 넉넉한 사람, 그런 사람이 미래의 너이기를 바란다면 주제넘은 간섭이자 욕심일까. 일평생 우리의 발걸음이 겹칠 날은 없겠지만 뒤따라가는 나를 가만히 지켜봐 주지 않겠니. 설령 나의 바람과는 전혀 다른 모습의 너일지라도, 나는 지금처럼 미래의 너를 만나기 위해 내 몫의 걸음을 묵묵히 내디딜 거야.

*

　흘러간 시절의 소년과, 다가올 미래의 소년과, 지금의 내가 만나면 우리는 서로 무슨 이야기를 나누게 될까. 미소 지으며 서로의 얼굴을 마주하게 될까. 혹은 마주하기도 버거워 서로 외면하며 각자의 길로 돌아가게 될까. 만일 우리가 약속을 할 수 있다면, 언젠가 우리가 서로 어떤 모습으로 마주하게 될지라도, 실망하거나 슬퍼하기보다는, 우선은 서로 말없이 안아주기로 하는 건 어떨까. 여기까지 오느라 다들 정말 애썼다고. 누구도 우리의 삶을 칭찬하거나 인정하지 않는대도, 우리만은 매 순간 충실했던 서로의 발걸음을 모두 기억하고 있으니까.

처음으로 나란히

사랑이 무거워 전망대 계단을 오르다 다리가 풀렸다. 금방이라도 넘어질 것 같아 사랑을 잠시 벤치에 앉혀두고 숨을 고르고 있었다. 갑자기 멈춰선 모습이 의아했는지 사랑이 나를 빤히 바라봤다. 이마에는 땀방울이 맺혔고 심장은 요동쳤지만, 차마 힘든 내색을 하긴 싫었다. 나는 소매로 땀을 닦아내며 말했다.

"별일 아니야.
여기서 풍경을 함께 바라보고 싶었어."

사랑은 그제야 미소를 되찾고 막대사탕을 꺼내 물었다. 아마 본격적으로 자세를 잡고 저 멀리 풍경에 빠져들 준비를 하는 듯했다. 입안 가득 사탕을 우물거리고 있는 사랑의 얼굴에 노을이 번져 발그레해졌다. 가까스로 찾아낸 궁색한 변명에도 사랑은 온 힘을 다해 순간을 만끽하고 있었다.

그 옆에서 나는 몰래 계단을 내려다봤다. 언제 여기

까지 올라왔는지 끝이 보이지 않았다. 사랑을 업고 계단에 첫발을 내디딜 때가 떠올랐다. 그대로 정상까지 뛰어오를 수 있을 만큼 온몸에 생기가 돌았고, 뒤를 돌아볼 때마다 사랑이 웃음을 머금고 있었다. 그 모습을 바라보며 나는 문득 속으로 다짐을 했었다. 사랑이 언제까지나 웃음을 잃지 않도록 해줘야겠다고.

하지만 변함없는 다짐과는 상관없이 오늘따라 다리가 유난히 느리고 둔하게 느껴졌다. 전망대는 아직도 까마득히 높은 곳에 있었다. 그렇다고 멈출 수는 없었다. 사랑이 웃을 수 있는 이유는 내가 멈추지 않기 때문이라 믿었으니까. 그래서 중간의 휴식도 건너뛴 채 다리가 터지도록 계단을 올랐던 것이다. 발을 헛디뎌 발목을 삐끗한 것도 애써 참아가면서. 그런데 혹시나 그사이에 나도 모르게 지쳐가고 있었던 건 아닐까.

그 순간 누군가 내 어깨를 툭툭 치는 것을 느꼈다. 돌아보니 사랑이 긴 머리카락을 질끈 묶는 중이었다. 막대사탕이 입안에서 벌써 녹아내렸는지 슬슬 다시 업힐 채비를 하고 있었다. 아직 숨도 고르지 못한 채로 올라야 할 계단을 바라보니 현기증이 났다. 그런데 갑자기 사랑이 내 앞으로 다가와 자신의 등을 내어주며 이런 말을 건넸다.

"나 보기보다 튼튼해. 그러니 가끔은 내게 업혀도 괜찮아. 왜 힘들다는 말을 못하고 있어. 아니면 같이 걸어도 상관없잖아. 이렇게나 풍경이 아름다운데."

그동안은 생각해본 적 없던 상황이었다. 내가 멈춰서는 순간 더는 계단에 올라설 수 없을 것이고, 그렇게 사랑이 웃음을 잃을 것이라 믿었다. 그런데 어리석게도 가끔은 내가 사랑에 업혀본다거나, 혹은 그럴 필요 없이 손을 잡고 서로를 끌어줄 수도 있다는 자연스러운 상황조차 떠올리지 못했던 것이다.

어째서 나는 혼자서만 사랑의 모든 것을 짊어지려 무리하고 있었던 걸까. 그렇게 버텨가며 반드시 어느 높이까지 올라서야만 비로소 사랑이 웃음 짓는 것도 아니었을 텐데.

계단은 애초부터 없었는지도 모른다. 평지가 계단처럼 느껴졌던 건 사랑을 갓난아이 보살피듯 온전히 도맡아야만 한다는, 나의 강박에서 비롯된 환영이었을지도. 사랑이 내게 등을 내어주던 순간, 마침내 오랜 연극이 막을 내리는 듯했다. 우리는 누구 하나 무거운 짐을 떠맡을 필요 없이, 처음으로 나란히 걸었다.

사랑의 황혼

 사랑의 감정이 아득해진 뒤에도 늘 당신과 함께 공원을 산책하는 일, 보폭이 나란하지 않아도, 꼭 손을 맞잡지 않아도, 서로의 반경 안에서 날마다 함께 걷는 일, 잠시 간격이 멀어지거나 뒤처지더라도 태연하게, 작아지고 굽어가는 뒷모습을 바라보며 우리의 지나온 시절을 어렴풋이 떠올려보는 일, 우연히 앞서거나 뒤따르며 걸음이 겹치는 순간을 무심히 기다려보는 일.

 이따금 나란한 보폭이 될 때면 긴 시간 당신의 손을 잡고 걸어도 보는 일, 매일 같이 내일의 날씨에 관한 이야기를 나누는 일, 노을 지는 풍경이 드리우면 말없이 걸음의 속도를 늦추는 일, 수만 번 걸은 익숙한 골목을 따라 집으로 돌아가는 길, 시장의 마지막 남은 과일 한 바구니를 사서 당신과 나눠 먹는 일, 어두운 밤 헌 책을 번갈아 읽으며 흘러간 노래를 듣는 일.

 그렇게 어느새 잠든 당신을 따라 긴 잠에 빠지는 일, 보폭은 다를지라도 잠드는 시기만은 나란하기를 바라는 마음으로, 아름다웠던 사랑과 짧았던 청춘은 지나가도, 당신과 내가 생의 마지막까지 서로의 일상 안에서 살아가는 일, 슬픈 작별의 인사보다는 온화한 얼굴로 말없이 서로의 손을 잡아주는 일, 나의 꿈은 그러한 것들.

*

맺음말

사랑의 참회

 사랑에 관한 이야기를 쓰다 보면 이상하게도 참회록이 된다. 시작은 어땠을지 모르겠으나 예정된 것처럼 결국은 우회하여 참회로 끝나는 글이 된다. 그것은 내가 사랑에 적합하지 않은 부류의 사람이기 때문일까. 혹은 참회가 사랑의 필연적인 속성 중 하나인 까닭일까. 어쩌면 사랑과는 관련 없이 단지 나의 과거지향적인 성향 탓에, 현재와 미래보다는 흘러간 시절의 잔상에 지나치게 충실했기 때문일지도 모른다.

 사랑에 열렬했던 만큼 글쓰기에도 열렬했다. 간절하고 열망 가득한 마음이 반드시 결실을 보는 것은 아니었지만, 재능이나 성과의 충만함을 압도하는 건 맹목적인 편애와 미련이었다. 그것은 결과가 참혹할지라도 언젠가 다시 처음처럼 시작할 수 있는 끈질기고 성실한 열정이기도 했다. 인생이 중대한 갈림길에 설 때마다 열정은 늘 체념이라는 매혹적인 유혹의 손길에 넌지시 빠져들기도 했지만, 끝내 살아남는 건 굳은살투성이의 열정이

었다

사랑과 글쓰기의 닮은 점이 있다면 그것은 모두 인과의 차이만 있을 뿐 결국 자아 성찰을 동반한다는 점이다. 사랑을 떠올리면 글을 쓰게 되고, 글을 쓰다 보면 사랑을 떠올리게 된다. 그렇게 사랑과 글쓰기에 몰입하다 보면 나는 자꾸만 깊은 생각의 우물로 빠져든다. 과거의 나는 어떤 사람이었는지, 사랑과 인생 앞에서 얼마나 어리석은 결정들을 해왔는지, 어떻게 해야 앞으로는 조금이나마 더 나은 사람이 될 수 있을지. 하지만 이러한 고민들은 도움이 될 때도 있었지만 대부분 우물을 빠져나오지 못한 채 허우적거리기만을 반복했다.

그렇게 사랑과 글쓰기에 전념하는 삶은 인생의 지름길과 멀어지기 마련이었다. 무엇하나 모호하지 않은 감정은 없고, 정답이라 믿어지는 입장을 끊임없이 의심하며, 저 멀리 안개 길로 묵묵히 들어서는 사람. 우회하고, 또 우회하면서 지름길의 존재를 부정하면서. 구태여 고난의 길을 걷는 수행자의 삶을 모방이라도 하듯이. 만약 사랑과 글쓰기 중에서 단 하나만 끌어안고 살았다면 지금보다는 평탄한 삶을 살 수 있었을까.

하지만 이제와 뒤늦게 사랑과 글쓰기를, 그리고 삶을 가볍게 대할 수도 없는 일이다. 인생이 조금 더 복잡해지거나 고달파질지라도, 나는 지금껏 청춘을 방황하며 부여잡아온 것들을 함부로 놓아버릴 수가 없다. 사랑하는 대상과, 사랑하는 신념이 끝내 나를 바라봐주지 않는대도 나는 이제 지나간 과거의 삶으로는 결코 되돌아갈 수 없다. 그렇다면 내게 주어진 단 하나의 선택지는 지금까지 고수해온 삶의 방식을 원망하기보다는 오히려 조금 더 맹렬히 신뢰하며 사랑과 성찰의 극한에 닿아보는 것이다.

누군가를 사랑하는 일이 때로는 내게 뜻하지 않은 생각과 감정을 불러일으킬 때도 있지만, 그 심란한 표정과 몸짓이 당신에게 닿지 않고 오직 내 안에서만 사그라지기를 바라면서. 아름답고 환한 사랑이 적합한 당신에게 사랑의 쓸쓸한 이면마저 알아주길 바라는 이기적인 나를 용서하지 않기를 바라면서. 보잘것없는 나의 삶이 당신과의 사랑만큼은 단단히 지켜낼 수 있도록 냉혹한 현실과 정면으로 부딪치고 깨져보면서.

그리하여 사랑하는 당신과의 이야기는 끝내 돌이킬 수 없는 참회가 아닌 끝나지 않는 노래가 되기를 바라는 마음으로, 오늘도 긴 터널을 지나 당신이 있는 곳으로 향한다.

*

사랑의 신은 우연과 반복이라는 이름으로 자신을 위장한 채 일상의 곳곳에서 우리를 시험하고 있다.

사랑의 장면들

Copyright ⓒ 2022 by 오수영

초판 1쇄   2022년 11월 11일
초판 5쇄   2025년 02월 24일

글   오수영
편집   오수영
디자인   오수영

발행인   오한조
발행처   고어라운드
출판등록 2021년 4월 12일 제 2021-00000025호
전자우편 grd-books@naver.com
팩스   0504-202-9749

ISBN   979-11-974558-8-9 (03800)

*책의 일부 또는 전부를 재사용하려면 반드시 저작권자와 고어라운드 출판사 양측의 동의를 얻어야 합니다.
*잘못된 책은 구입하신 서점에서 교환해드립니다.